国家文物局水下文化遗产保护中心译著系列 – 03

U0503260

韩国海洋出水文物保护手册

Conservation Manual of Maritime Archaeological Objects in Korea

韩国国立海洋文化财研究所　编

国家文物局水下文化遗产保护中心　译

文物出版社

图书在版编目（CIP）数据

韩国海洋出水文物保护手册 / 韩国国立海洋文化财研究所编；国家文物局水下文化遗产保护中心译 .
— 北京：文物出版社，2019.5
ISBN 978-7-5010-5643-9

Ⅰ . ①韩… Ⅱ . ①韩… ②国… Ⅲ . ①出土文物—文物保护—韩国—手册 Ⅳ . ① K883.126-62

中国版本图书馆 CIP 数据核字（2018）第 168809 号

著作权合同登记号：图字 01-2019-0458 号

Copyright©2018 by National Research Institute of Maritime Cultural Heritage
All Right Reserved

韩国海洋出水文物保护手册

编　　者：韩国国立海洋文化财研究所
译　　者：国家文物局水下文化遗产保护中心
译校统稿：张治国
审　　校：沈大娲
责任编辑：吕游　王戈
封面设计：刘远
责任印制：苏林
出版发行：文物出版社
地　　址：北京市东直门内北小街 2 号楼
邮政编码：100007
网　　址：http://www.wenwu.com
邮　　箱：web@wenwu.com
经　　销：新华书店
印　　刷：北京京都六环印刷厂
开　　本：787mm×1092mm　1/16
印　　张：13
版　　次：2019 年 5 月第 1 版
印　　次：2019 年 5 月第 1 次印刷
书　　号：ISBN 978-7-5010- 5643-9
定　　价：280.00 元

本书版权为独家所有，非经授权，不得复制翻印。

序一
Preface 1

韩国国立海洋文化财研究所　이귀영
（李贵永）

韩国国立海洋文化财研究所自 1981 年开始对海洋出水文物进行保护处理，作为韩国唯一负责海洋出水文物保护的机构，已开展相关工作三十余年。

海洋出水文物及其背后的历史埋藏于海洋，经发掘和保护后得以彰显其价值。海洋出水文物的保护与田野考古文物或历史文物相比，保护方法具有一定的相似性。由于海洋出水文物在海水中历经多年浸泡，需进行一些特殊的保护处理，例如盐分或海洋生物的去除、饱水木质文物的填充加固等。

中国的水下考古始于 1987 年，随后，中国政府在水下文化遗产保护领域付出了极大努力。韩国水下文化遗产保护的工作始于新安沉船遗址的发掘，该船是一艘中国商船。由此可见，中韩两国在水下文化遗产保护领域有着相似的历史背景和密不可分的关系。国家文物局水下文化遗产保护中心是我们在中国的合作伙伴。

我们非常欣喜地看到，国家文物局水下文化遗产保护中心组织翻译和出版了这本海洋出水文物保护手册。该手册是我所于 2014 年出版的，介绍了韩国海域不同材质出水文物的保护处理方法与案例。

我希望这本出版物能够向世界介绍韩国的出水文物保护科学，并架起全世界水下文物保护工作者之间的桥梁。感谢国家文物局水下文化遗产保护中心对本手册的翻译和出版。

2019 年 2 月

序二
Preface 2

国家文物局水下文化遗产保护中心　宋建忠

　　我国拥有近 300 万平方千米的辽阔海域、1.8 万余千米的海岸线和丰富的内陆水域，水下文化遗产资源丰富。保护水下文化遗产，挖掘其历史、艺术和科学价值，是我国文物工作的既定内容，也是当前发展海洋战略、维护国家海洋权益、建设海洋强国、实施"一带一路"战略构想的现实需要。

　　近半个世纪以来，随着现代潜水科技水平的提高，海洋考古迅速发展起来，英、美等西方国家的水下考古足迹几乎遍布世界各大洋。水下考古发掘出的文物，从坚实、大型的金属器具到柔软、小型的皮革制品，从木材、织物到陶瓷、玻璃器等等，林林总总，不一而足。我国水下考古工作始于 20 世纪 80 年代后期，被深邃的海水遮蔽了数世纪之久的隐秘渐渐揭开，越来越多的水下文物被发掘出来。这些文物不仅丰富了馆藏，也为我们带来了更多的海交史资料。同时，给我们提出了许多新的问题和迫切而艰巨的任务，即如何很好地保护和利用这些珍贵的水下文化遗产。

　　众所周知，海洋本身便是一个巨大而稳固的富集电解质溶液的水体，任何一种物质在接触海水的过程中，都会发生不同程度的溶解。这种来自于海水本身的损害，主要是源于海水中化学、物理和生物的交互作用。而深藏于其间几百年，甚至几千年的各类文物，其损害程度便可想而知。正因如此，自世界水下考古工作伊始，其发掘品的脱盐、脱水及防腐问题便成为海洋考古文物保护工作中一个不可回避和首要解决的问题。

中国的水下考古始于 1987 年，水下文化遗产保护的历史也不长，从这个角度来说，水下文化遗产保护尚属于新兴学科。海洋的恶劣环境决定了海洋出水文物的保存状况之差、保护难度之大和保护周期之长，我国近年来越来越重视与国际水下文化遗产保护技术领先的国家开展合作与交流，越来越重视水下文化遗产保护机构、人员、场地、设施、设备的建设。

自 1981 年新安沉船遗址发掘以来，韩国国立海洋文化财研究所（NRIMCH）开始对海洋出水文物进行保护处理，迄今已有三十多年。该研究所出版的《韩国海洋出水文物保护手册》内容丰富，结合实例，全面介绍了韩国三十余年来的水下文物保护工作。韩国同仁在多年的水下文物保护实践中积累了丰富的经验，对水下文物的保护修复理念、技术与材料有了更深刻的认识。作为中国唯一的国家级水下文化遗产保护专业机构，国家文物局水下文化遗产保护中心义不容辞地担当起组织翻译该手册的任务。该手册几乎涉及了各种质地出水文物的现场保护技术、分析测试技术、保护修复以及保存环境，是一部比较全面和系统的科学论著。

他山之石，可以攻玉。本手册的翻译和在中国的出版发行，可供我国从事水下文物保护的科研人员参考，对于我国未来的水下文物保护技术发展，具有重要的借鉴意义。今后我们要继续倡导学科融合与国际合作，利用科技创新带动水下文物保护技术的跨越式发展。

2019 年 2 月

01 前言
Introduction

Kim Hyoyun

自1981年新安沉船遗址发掘以来，韩国国立海洋文化财研究所（NRIMCH）开始海洋出水文物保护处理工作迄今已有三十余年。韩国国立海洋文化财研究所的前身为1990年成立的木浦海洋文化财保护中心，1994年更名为国立海洋博物馆，2009年更名为韩国国立海洋文化财研究所。三十年来，研究所虽不断重组与扩大，但海洋出水文物的保护与保存始终是其主要业务工作。

水下文物发掘与保护部不仅负责文物的保护处理，还负责文物保护方法和考古发掘文物的研究。韩国国立海洋文化财研究所有两个文物保护中心，分别位于木浦（图1-1）和泰安（图1-2）。中心有14名文物保护工作人员，分别是木材、陶瓷、金属以及其他材质文物保护领域的专家。然而，在处理大型复合材质文物或面对比较耗时的工作时，他们往往需要相互合作。

01
前言
Introduction

1-1 水下文物发掘与保护部（木浦）

1-2　文物保护中心（泰安）

表 1 NRIMCH 保护处理过的文物情况总览（截至 2013 年 10 月）

发掘年份	材料类型（数量）						遗址
	金属	沉船	木材	陶瓷	其他	总计	
2006年前		2		3656	2	3660	莞岛沉船（1994年） 新安沉船（1999年） 群山市飞雁岛 群山市十二东波岛沉船 保宁市元山岛 新安郡安佐岛 群山市夜味岛
2007年				10897		10897	群山市夜味岛 泰安郡竹岛
2008年			30	19358		19388	群山市夜味岛 泰安郡竹岛 泰安郡马岛
2009年	3			4299		4302	群山市夜味岛 群山市十二东波岛沉船 泰安郡马岛
2010年	112		21	5508	5	5646	泰安郡竹岛 泰安郡马岛 木浦市达里岛沉船
2011年	24	1	6	527	50	608	泰安郡马岛 木浦市达里岛沉船
2012年	62		59	3193	1	3315	群山市十二东波岛沉船 泰安郡马岛
2013年			22	451	16	489	仁川市鱼坪岛 珍岛五柳里
总计	201	3	138	47889	74	48305	

1-3　文物保护实验室（木浦）

1-4　文物保护实验室（泰安）

表1列出了2006年以来处理过的文物，其中大部分是从泰安郡竹岛、泰安郡马岛和群山市十二东波岛沉船发掘的陶瓷文物，其次是金属和木质文物。迄今为止，只有8艘沉船进行了保护，沉船保护通常需要漫长的时间。

研究所共有4个工作间，分别为脱盐实验室、加固实验室、保护实验室和分析实验室。对于大型沉船的保护，脱盐设备和加固设备十分必要。

小型文物的处理在保护实验室中进行，实验室针对不同种类的文物配备了专门的清理、加固、修复设备（图1-3~1-6）。表2列举了分析实验室的各类仪器，例如扫描电子显微镜、傅里叶变换红外光谱仪、X射线荧光光谱仪、色度计等（图1-7、1-8）。

水下文物的保护流程与普通文物大致相同，由于文物一直处于水下，清理与脱盐是十分重要的保护步骤。

水下文物保护的流程如下：

编制文物保护计划→讨论，形成报告→整理文物档案资料（处理前）→脱盐→清理→控制干燥→加固→修复→整理文物档案资料（处理后）→编制保护报告

在发掘之后或展览期间需要处理的文物，须将文物保存状况的说明一并运送到文物保护工作间。

文物保护人员根据保护处理的目的及文物的保存状况提出不同的保护方案，在进行保护处理之前，保护团队需讨论保护方法和材料。

根据文物材质的不同，保护方案会略有不同，工作人员完成表3的文物保护报告。保护方案需得到文物保护部门领导的同意，标准的保护方案通常不需要经过审批。

在文物保护处理之前，须通过拍照和细节描述的方法确认文物的保存状况。文物保护报告需包括保护方案、所使用的材料和实际使用的保护方法。

1-5 脱盐设施（泰安）

1-6　脱盐设施（泰安）

表 2 　　　　　　　　文物保护设备一览表

序号	设备	生产商	用途	购置年份
1	扫描电子显微镜	HITACHI S-2460 N	观察木材和金属等文物的微观结构	1996
2	软 X 射线探伤仪	HITACHI HP-150 S	观察不透明文物的内部并拍照	1996
3	真空设备	SAMHEUNG SN-V 1-02	加固金属文物	1998
4	光学显微镜	Olympus BX 50	鉴定木材并判断降解程度	1999
5	自动环境监测系统	APM	环境监测	2001
6	真空冷冻干燥机	Ilshin Bio Base	处理饱水木材	2001
7	光学显微镜	ZEISS AXIOPLAN 2	观察文物结构	2002
8	电感耦合等离子体光谱	SEIKO SPS 7800	分析材料成分	2003
9	偏光显微镜	ZEISS AXIOSKOP 40	分析金属、陶瓷、木材的结晶度和特征	2003
10	X 射线荧光光谱仪	HORIBA XGT-5000	材料的元素组成分析	2004
11	样品粉碎机	FRITSCH	制备分析用的样品	2005
12	X 射线衍射仪	PHILPS US/D 3	无机晶体材料的分析	2005
13	微波消解系统	Techlon QLAB-6000	样品的溶解	2006
14	树木年轮测量仪	RINNTECH LINTAB 5	木材年轮宽度的测定	2007
15	恒温水浴器	Duri Science	陶瓷脱盐	2007

续表 2

序号	设备	生产商	用途	购置年份
16	超薄切片机	LEICA RM 2165	木材样品切片	2007
17	红外照相机	C 2741-03	鉴别木片上的墨迹	2008
18	色差计	MINOLTA C 7900 d	记录样品颜色	2009
19	傅里叶变换红外光谱仪	Perkin Elmer	有机质文物分析	2010
20	有机溶剂浸泡设备	JEIOTECH	有机质文物在有机溶液中的浸渍处理	2010
21*	体视显微镜	LEICA S 6 D	文物样品的横截面分析	2011
22*	真空冷冻干燥机	Ilshin Bio Base,Lyoph Pride 100 R	饱水木质文物保护	2012
23*	光学显微镜	Olympus BX 53	鉴定有机质文物并判断降解程度	2013
24*	真空设备	INNOTECH DKVC-7	金属文物加固	2013
25*	气磨机	INNOTECH DKJB-200 H-TYPE	移除凝结物	2013

* 泰安文物保护中心

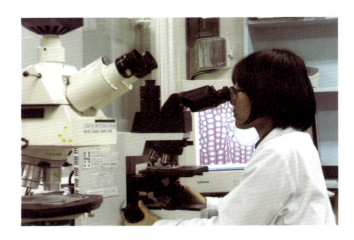

1-7　分析仪器（光学显微镜，木浦）

1-8　分析仪器（X射线衍射仪XRD，木浦）

表 3   文物保护报告表

文物材质		文物名称		数量	
遗址名称		发掘日期		时代	
文物编号		接收日期		保护人员	
保护处理前					
保护处理方案					
保护处理步骤					
保护处理后					
备注					
日期		保护人员		签名	

02 现场保护
On-site Conservation

Yang Soonseok

　　海洋出水文物通常从海床或者水下泥沙中发掘出来，如果文物的一部分暴露在海床，文物通常会受到损坏，很难保持原貌；如果文物在水下稳定的环境中保存，文物的原貌可以得到保持。

　　在水下发掘的过程中，需要对文物做好详细标记，包括发掘日期、发现的位置和数量。标记需要用永久墨水写在镀膜纸上，以防止字迹在现场因受潮而消失（图2-1、2-2）。出水文物的颜色和形状在短时间内会发生改变，因此应尽快送往文物保护部门。如果不能进行运输，则需要在现场进行保存和保护。

2-1　带有标签的铁罐
（2013年仁川灵兴岛沉船）

2-2　带有标签的鹿角
（2013年仁川灵兴岛沉船）

第一节　水下发现的文物

（1）植物

沉船上发现的植物主要用于船上货物的包裹和填充，以防止运输过程中遭到损坏。这些植物通常埋藏在海床下，主要是植物制作的绳子（图2-3、2-4）和用来包装陶瓷的芦苇或稻草。

（2）谷物

谷物同植物一样通常也是埋藏于海床，但常和稻草或者船员的餐具一起被发现。通常情况下谷物会发生生物降解，但谷物的外壳能够得以保留，在水和海床的压力作用下会变平（图2-5）。

（3）金属

大部分出水金属文物为青铜器，例如勺子、筷子和钱币，以及铁锅和铁钉，新安和珍岛沉船遗址发掘出水的铁钉是用来连接船体结构的。出水青铜器表面通常包覆着凝结物，但包覆层像纸一

2-3　埋藏的绳索（2005年新安郡安佐岛沉船）

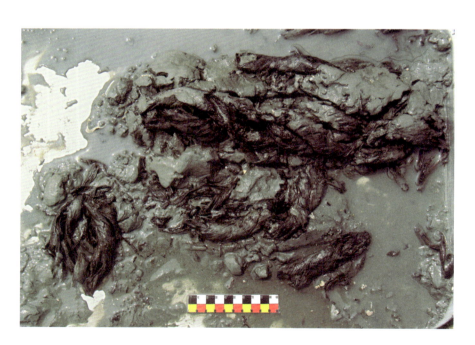

2-4　出水的绳索（2010年泰安马岛二号沉船）

2-5　谷物（2011年泰安马岛三号沉船）

样十分薄，容易破坏。出水铁器表面通常覆盖着腐蚀产物，这些铁器的腐蚀产物可能会渗透到木质文物或其他文物上。

（4）木材

发掘出水的木质文物通常为船体、木柱、包装用的木材、厨房器具和木简。根据埋葬环境的不同，木质文物的保存状况和病害种类相差很大（图2-6~2-8）。暴露在海床的文物被船蛆和菌类严重破坏，而埋在海床下的文物通常保存状况尚可。

2-6　埋藏的竹质文物（2011年泰安马岛三号沉船）

2-7　出水的竹质文物（2009年泰安马岛一号沉船）

2-8　包装后的木简（2009年泰安马岛一号沉船）

（5）其他文物

水下偶尔会发掘出金、银和骨质文物。这些文物的保存状况不尽相同，在发掘现场需要根据不同的埋藏环境进行保护处理。

第二节　现场保护

文物现场保护工作从水下发掘开始。文物保存状况和材质类型不同，保护方法也随之有所不同。文物的保管也应纳入考虑范畴。文物出水后尽快放置于稳定的保存环境，这一点十分重要。出水文物的形状容易发生改变，因此应经常监控文物保存状况，直至其进入稳定的保存环境。

2.2.1　有机质文物

有机质文物包括木材、皮革、绳索、纺织品和谷物。在发掘过程中，这类文物容易被破坏甚至消失。特别是沉船船体等大型木质文物，在运输之前，十分脆弱，容易损毁。船体通常埋藏于海底。船体如果长期暴露于海底，由于海水的波动和涨潮，暴露的部分容易腐坏和损坏。因此，在发掘过程中应经常检查船体结构，尽量减少船体暴露时间。

最好的运输方法是储存好这些木质文物且不要将其拆解，并在运输过程中采取措施（图2-9）。然而，由于遗址条件所限，木质文物通常需要拆解后再进行运输。

（1）小型木质文物

小型木质文物应在盒子或聚乙烯袋等密封容器内保存。如此类文物需从水中取出进行运输，应尽量减少水在文物表面的流动。

（2）竹质与纺织品文物

如果竹质与纺织品文物出水时表面覆盖海沙，应用木板将其

2-9　待包装的沉船构件（2010年泰安马岛二号沉船）

清除和剥离，然后将这类文物在密封容器内保存（图2-10）。

（3）沉船

沉船的木质构件在水下容易移动，但由于其重量和尺寸较大，出水后难以移动。因此，应用木板支撑后提升至水面移动。

（4）谷物

谷物附着于植物上，应采取与竹质文物类似的运输方法，之后在密封容器内贮存。

对于水下发掘的有机质文物，有一点非常重要，即不能使其变干，且不能暴露于阳光下。有机质文物一旦在保护处理前变干，将出现收缩、开裂和弯曲变形。

根据文物实际情况，应尽可能减少这类文物在空气中的暴露

2-10　用气泡膜打包竹板（2009年泰安马岛一号沉船）

时间。如果档案记录时间较长，必须采用湿布覆盖或喷水等办法保持文物的湿度。最好是将这类文物放在水槽中，以安全地完成档案记录。

带有文字的木简在光的作用下会迅速变色，文字会褪色甚至完全消失，因此必须在暗处贮存。

通常情况下建议将刚出水的文物储存在蒸馏水中。然而，根据发掘现场环境，文物也可以在海水中短期储存。可以在发掘现场的文物保存溶液中使用抑菌剂来抑制生物活性。但抑菌剂可能对文物有害，故应经常检查文物的保存状况。如果有的文物需要采用碳十四法测定年代，保存溶液中不能加入抑菌剂。

尺寸较小的有机质文物可以保存于密封的容器中，但将尺寸较大的文物包装于密封容器中则比较困难。在这种情况下，运输过程中应使用支撑材料。支撑不仅起到物理加固的作用，而且使运输更为方便。聚乙二醇（PEG）200溶液可以在船体上使用。在文物表面以及第一层包装材料上都要用湿布包裹。在第一道包装后，文物再用气泡膜包装，最后用大塑料袋包装。这种包装方式只能用于短时间的保存，并且需要储存于低温环境中。文物也不应暴露于阳光下直射。

有机质文物在肉眼下看似可能处于良好的状况下，但实际上已劣化到一定程度，以至于在显微镜下看起来像海绵状物。因此，出水有机质文物应谨慎处理后尽可能快地运送至实验室进行保护处理。

2.2.2 无机质文物

水下发掘的无机质文物类型广泛，包括铁器、青铜、金器、银器、瓷器和石器等。大多数为瓷器，主要为青瓷、陶器和白瓷。

2-11 青瓷梅瓶打包前（2010年泰安马岛二号沉船）

2-12 青瓷梅瓶打包后（2010年泰安马岛二号沉船）

这些文物长期处于稳定的埋藏环境中。在出水之后，这些文物极易迅速遭受腐蚀。因此，需要对其实施现场保护处理和包装，在运输至实验室前，使其物理状况保持稳定（图 2-11、2-12）。

虽然无机质文物的保存状况通常比较好，但是铁器特别脆弱，这是由于铁器长期在水下腐蚀后，强度降低了。铸铁文物更容易遭受腐蚀，必须保存在稳定的环境中避免进一步的腐蚀。

无机质文物的运输方式与有机质文物相同。当采用支撑材料进行运输时，要考虑到文物的尺寸、重量和覆盖物。

发掘出水的金属质文物应立即保存于淡水中以阻止其变干。

由于铁器的腐蚀产物易与周围的海洋生物、木材和石头等粘连在一起，从而导致铁器通常与其他物体粘连。粘连的凝结物理论上可以清除，但如果非常难以清除，可以在保存文物的时候暂时保留（图 2-13、2-14）。

2-13 水下埋藏的铁罐（2013年仁川灵兴岛沉船）

2-14 包装好的铁罐（2013年仁川灵兴岛沉船）

铅器在现场保护时需要特别的关注和处理。铅器容易受到有机物降解产生的有机酸的侵蚀。因此，应清除黏附在铅器表面的海洋生物，随后应将铅器保存在海水或含有0.1%硫酸钠的淡水中。如果将铅器浸泡于去离子水中，会加速其腐蚀。

金器、银器、锡器等其他金属文物较为稳定，可以用淡水脱盐然后干燥处理。比较好的做法是首先根据文物的材质类型将这些文物进行分类，然后分别放置于淡水中保存。这样保存的文物随后运送到实验室进行保护处理。

瓷器表面的盐分结晶会造成瓷器的损坏（图2-15、2-16）。盐分对烧成温度较低且胎体多孔的瓷器的危害要大于烧成温度较高的瓷器。因此，瓷器也应在淡水中保存，需要尽可能快的处理。

综上所述，所有的无机质文物要保存在溶液中或用湿润的纺织品包裹，以避免盐分结晶。塑料容器或聚乙烯袋适合于现场保

2-15　内部未清理的陶罐（2010年泰安马岛二号沉船）

2-16 水下埋藏的瓷器（2007年泰安沉船）

护，如果包装物因文物的重量或尖锐的边缘而破损，水分会流失，易导致文物变得干燥，因此需要谨慎处理。在包装完成之后，文物应尽快运往文物保护部门。

[1] Godfrey, L., Carpenter, J.（2004/2005）Procedures for the treatment of marine archaeological materials Western Australian Museum, Materials conservation department.

[2] Pearson, C.（1978）Conservation of marine archaeological objects Butterworth.

03　有机质文物
Organic Objects

Cha Miyong, Yoon Yonghee

第一节　引言

　　木质文物代表了过去人类活动的轨迹，人类对木材的利用有着相当长的历史[1]。考古发掘的木材通常可以根据含水率分为两类：干燥木质文物和饱水木质文物。饱水木质文物一般来自海洋、湿地和沼泽中，主要成分已分解，被水分所替代。韩国国立海洋文化财研究所（NRIMCH）在海洋中发掘的木质文物均为饱水木质文物。

　　饱水木质文物保护处理的主要目的是尽力减少木材干燥过程中不可避免的收缩，并通过脱水处理使木质文物处于稳定状态。在 NRIMCH，饱水木质文物根据尺寸分为两类进行处理。

　　除了水的破坏之外，饱水木质文物会遭受海洋虫蛀和微生物的进一步破坏，海虫造成的破坏取决于文物在海洋中的位置[2]。木材受损的情况见图3-1和图3-2。虽然肉眼难以察觉微生物的破坏作用，但是海洋虫蛀的破坏是显而易见的，尤其在大型木质沉船上。

3-1　海蛀虫造成的破坏（安佐岛沉船）

3-2 蛀洞·受损表面
（安佐岛沉船）

　　饱水木质文物的微生物降解主要是由软腐菌、腐蚀菌和钻管菌引起的。软腐菌和钻管菌通常在富氧环境中出现，腐蚀菌通常在厌氧环境中出现[3]。

　　关于饱水木质文物的化学特征，Kim 在新安沉船的木材研究中已有阐述[4]。表4中，饱水木材的综纤维素含量降低，木质素含量升高，热水和碱液抽提物含量升高，有机溶剂抽提物含量降低，灰分含量有升高的趋势。如果沉船等大型饱水木质文物在海水中保存100多年，降解通常只发生在木材表面。表4表明了木材内层和外层化学成分的对比。

表4　　　现代木材与饱水木材的化学组成对比（马尾松）

化学组成		饱水木材（%）		普通木材（%）
		外部	内部	
抽提物	热水	7.80	3.00	2.8
	乙醇 — 环己烷	0.70	2.3	3.0
	1%NaOH	18.73	12.58	12.67
综纤维素		29.47	70.42	73.17
木质素		64.18	28.19	26.85
灰分		7.6~11.7	1.58	0.2~0.5

新鲜木本植物（树木）的最大含水率约为100%，1千克木质部容纳1千克水分。然而，考古发掘饱水木材的最大含水率有很大差异，取决于木材种类和糟朽程度。针叶材的含水率通常为100%~500%，阔叶材的含水率则达到300%~800%。有的糟朽严重的阔叶材木质文物的含水率甚至达到1200%[5]。饱水木材的最大含水率与其降解程度有关，因此可以通过最大含水率的测定来评估木材的降解程度。

图3-3是最大含水率为600%的橡木样品的透射电子显微镜照片，也就是说，该样品中水的含量为木材的6倍。相较于对照组（图3-4），橡木样品的细胞壁已经分解并被水分代替。如果相同状况下的饱水木质文物在没有任何保护措施的条件下干燥，木质文物会在收缩过程中失去原有形貌。因此，需对饱水木质文物进行脱水处理，以维持其原始形状。

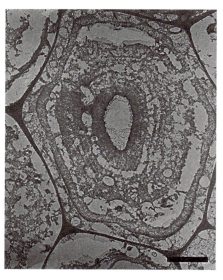

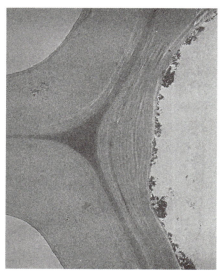

3-3　KMnO₄染色的饱水橡木纤维
（比例尺1:2.7μm）

3-4　KMnO₄染色新鲜橡木纤维
（比例尺1:1.9μm）

第二节　考古沉船

3.2.1　引言

韩国近年来保护处理过的12艘沉船的资料如表5所示。

表5　　　　　经保护处理的沉船（更新至2013年8月）

序号	沉船	尺寸 长×宽 （构件数量）	发掘方法	处理方法	处理时间	目前状况
1	新安	34m×11m （729）	拆解发掘	PEG 两步法 （400/4000）	1981~2004	展览
2	莞岛	9m×3.5m （81）	拆解发掘		1984~1998	展览
3	达里岛	10.5m×2.7m （33）	整体发掘[1]		1995/07~ 2012/09	展览
4	十二东波岛	7m×2.5m （14）	拆解发掘		2004/05~ 处理中	干燥
5	珍岛	16.8m×2.3m （1）	整体发掘		1992/06~ 处理中	干燥
6	安佐岛	14.7m×4.5m （39）	拆解发掘		2005/08~ 处理中	填充加固 （40%PEG 4000）
7	大阜岛	6.6m×1.4m （7）	拆解发掘		2006/12~ 处理中	填充加固 （25%PEG 4000）
8	泰安	8.2m×1.5m （7）	拆解发掘		2008/05~ 处理中	填充加固 （25%PEG 4000）
9	马岛一号	10.8m×3.7m （40）	拆解发掘		2009/10~ 处理中	填充加固 （25%PEG 4000）
10	马岛二号	12.8m×5m （41）	拆解发掘		2010/10~ 处理中	脱盐

序号	沉船	尺寸 长 × 宽 （构件数量）	发掘方法	处理方法	处理时间	目前状况
11	马岛三号[2]	12m × 8m （21）	拆解发掘	PEG 两步法 （400/4000）	2011/10～ 处理中	脱盐
12	灵兴岛	6m × 1.5m （3）	拆解发掘		2013/07～ 处理中	脱盐

1. 达里岛和珍岛沉船用聚氨酯包裹后发掘出水（未分离）。
运往保护实验室后再打开包装处理。
2. 马岛三号沉船并未发掘出水，只对木质碎块进行了保护。

第一艘发掘出水的新安沉船是在水下拆卸之后再分步运输，之后的 6 艘沉船（莞岛、十二东波岛、安佐岛、泰安、马岛一号和大阜岛）也按照同样的方法进行。其余的沉船（达里岛和珍岛）则是通过聚氨酯泡沫临时固定后运往脱盐场地，到达之后进行拆解。新安沉船的木材在运输过程中以聚乙二醇（PEG）浸泡，之后使用低浓度的 PEG 400 和高浓度的 PEG 4000 进行填充加固，浓度梯度缓慢递增。

新安、莞岛和达里岛沉船用同样方式进行保护处理，并在新安沉船展览馆和高丽沉船展览馆（在韩国国立海洋文化财研究所内）进行展示。十二东波岛和珍岛沉船正在缓慢干燥。安佐岛、马岛一号和大阜岛沉船在尺寸稳定处理的中段。马岛三号沉船的构件和灵兴岛、马岛二号沉船正在进行脱盐处理。

3.2.2　保护处理

沉船保护流程为脱盐→记录文物接收时的保存状况→清理→填充加固（尺寸稳定过程）→干燥→表面处理→记录处理后的状况→修复→展览或保存

沉船保护处理流程见表 6。

表6　　　　　　　　　沉船保护处理流程表

步骤	内容
脱盐	浸入淡水中脱盐 存放时避免干燥
检测	记录沉船保存状况并拍照 鉴定沉船树种
清理	机械清理采用小工具和超声波清洗仪 化学清理采用络合剂
加固	用加固材料代替水分 PEG 两步法 PEG 400：5％→10％→15％→20％ PEG 4000:25％→30％→35％→40％→45％→50％→55％→60％→65％ →70％
干燥	控制干燥
表面处理	去除沉船木材表面残余的 PEG
记录	处理后，记录文物状况
修复	沉船修复
展示和保存	控制环境温度在20℃～22℃。相对湿度范围50％~55％

（1）脱盐

通过采集沉船的详细信息，全面了解沉船的保存状况。文物发掘的环境和文物状况要用图片记录。如果需要更多信息但暂时无法获得，文物的其他信息可能在脱盐过程中更容易获取，在此阶段可以继续完成档案记录工作。

脱盐就是除去木材内部的盐分；木材出水之后运往实验室，浸泡在清水中进行脱盐。对于小尺寸木质文物，使用去离子水或蒸馏水。

出水沉船文物被运往实验室后，准确记录它的保存状况是十分必要的。了解沉船保存状况和尺寸，对于脱盐池的准备也是十分重要。此外，有时沉船构件中会包含铁钉或其他铁质品，这种情

3-5　被铁锈侵蚀的木材（灵兴岛沉船）

3-6　马岛二号沉船的木材

况下，需要确定是否可以安全使用同一个脱盐池。如果饱水木材与铁质化合物混在一起，铁会在脱盐过程中继续腐蚀。铁质化合物可能会进入木质文物中未被污染的部分。木材表面的铁锈可以用毛刷清除，一旦进入木材内部，机械清理就无能为力了。为了保证木质文物的安全，在脱盐之前清除凝结物是十分关键的。

图3-5展示了2013年发掘出水的来自灵兴岛沉船的木质文物。铁锈和矿物凝结物覆盖了木质构件50%的表面，使文物看起来呈微红色。这些凝结物在脱盐过程中存在污染其他文物的危险。因此，灵兴岛沉船木质构件在脱盐过程中需要隔离开。所有小件文物要装在网袋里进行隔离，而不是混在一起，网袋上标记出水位置。

脱盐过程是利用渗透压原理来改变盐分的浓度。水要多次更换以逐渐去除盐分。在脱盐的不同阶段，脱盐池中水的更换频率是不同的。开始时，脱盐和凝结物的清除同时进行，水要一个月更换一次；之后，随着处理的进行，只脱除盐分，此时脱盐池的水可以3~4个月更换一次[6]。当脱盐溶液的盐度低于水自身的盐度，脱盐过程就完成了（图3-6~3-8）。

3-7 脱盐处理（马岛一号沉船的木材）

3-8 脱盐处理（马岛二号和三号沉船的木材）

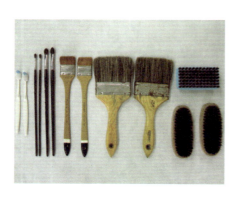

3-9 清理工具

3-10 喷壶

（2）检测

　　初步研究工作可以在脱盐过程的中期开展，包括在沉船考古专家的指导下拍摄木材照片、测量木材准确尺寸、记录木材保存状况等。木材样品可做树种鉴定、化学成分和降解程度分析。木材样品也可以做碳十四年代测定，如果木材年轮可见，也可采用树轮测

3–11　毛刷清理（大阜岛沉船）

3–12　软管清理（大阜岛沉船）

年法测定年代。

（3）清理

　　清理要在更换脱盐溶液时进行。在脱盐过程中，木质文物表面和内部的一些沉积物会自然除去，不过仍然需要有针对性地进行机械和化学清理。图3–9和图3–10展示了各种清理工具，如刷子、牙刷、刮刀、喷壶等。光滑的木材表面可用刷子清理（图3–11），而糟朽木材的粗糙表面用喷壶和软管清理更为有效（图3–12）。

在保护处理的初期阶段去除木质文物表面的沉积物是比较理想的，也就是在脱盐处理之前。当一次或两次清理不能完全去除木材表面的沉积物时，在脱盐的最初阶段可继续进行清理。如果脱盐过程持续时间较长，木材表面会出现一层生物膜，需要及时清理。

木船的清理通常需要使用水管，在清理糟朽部位和木材边缘时需格外小心。脱盐结束后，将木质文物运输到温水水槽中进行尺寸稳定处理。之后，再将木质文物放入2％w/v乙二胺四乙酸二钠（EDTA–2Na）水溶液中浸泡7天。进行化学清理之后，再将文物浸泡在水中除去残留物，通过检测水的pH值确定是否已除尽络合物。大约需要一个月的处理时间，使用40℃的温水可以缩短时间。

（4）加固

沉船的加固使用"PEG两步法"，原料为PEG 400和PEG 4000。根据平均分子量的不同，PEG 4000分为3350和3900两种，韩国国立海洋文化财研究所的实验室使用的PEG分子量是3900。文物保护进度表（文物尺寸、种类和进度）应放在醒目的位置以便随时查看（图3–13）。

木材填充加固过程按照表7的顺序进行。

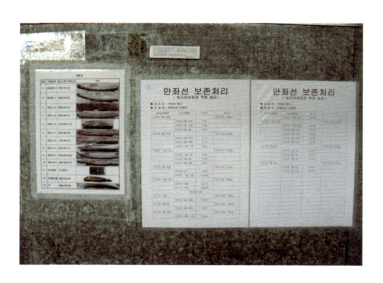

3–13 保护进度表（安佐岛沉船）

表 7 　　　　　　　　木材填充加固过程表

化学试剂	浓度	时间	备注
PEG 400	5%	6个月	加入2%的抑菌剂 （按硼酸和硼砂7∶3）
	10%	6个月	
	15%	6个月	
	20%	6个月	
	处理化学品废液 用水管清洗木质文物表面，清理浸泡池		
PEG 4000	25%	6个月	
	30%	6个月	
	35%	6个月	
	40%	6个月	
	45%	6个月	
	50%	6个月	
	55%	6个月	
	60%	6个月	
	65%	6个月	
	70%	12个月	
	处理化学品废液 需谨慎操作 加固后，要用热布擦除表面残余 PEG 溶液		

　　当使用5%PEG 400溶液加固时，在溶液中加入2%硼酸硼砂溶液（7∶3）以防飞蛾。而且，由于PEG对残余物的清除有一定效果，当木质文物的表面清理没有完成时，可将木质文物置于5%PEG 400溶液中浸泡1个月，然后放掉溶液并用水管清洗文物表面，之后再用PEG进行加固处理。

　　木质文物在每种浓度的PEG溶液中至少浸泡6个月，在最后一步浓度为70%的PEG 4000溶液中，需在40℃下浸泡12个月。

　　在填充加固过程中，会产生酸臭的气味，这是有机酸的味道，此时需要加强通风。当PEG 400的浓度由5%增加到20%时可能出现一层较厚的生物膜，必须不断地清除（图3-14、3-15）。通过添加PEG 4000，将其浓度由25%提高到70%（图3-16）。如果PEG 4000以固体形式加入，需要用水泵搅拌24小时直至固体完全溶解。添加PEG 4000之后，需要在一周内每天用糖度计测定浓度，测得的结果要乘以校正系数1.166（见表8）。

　　补加PEG 4000使溶液的浓度达到70%。填充加固完成后将废液排掉，之后用温水清洗木质文物。此时木质文物变得光滑且沉重，所以操作时需要小心。

　　沉船木质文物在移出浸泡池时需要专业人士用起重机起吊。

3-14　增加PEG 400的浓度（安佐岛沉船）

3-15　生物膜（安佐岛沉船）

3-16　增加PEG4000的浓度（安佐岛沉船）

表8　　　　　　　　　　　PEG 浓度检测表

	10％w/v	20％w/v	30％w/v	40％w/v	50％w/v	60％w/v
结果 （糖度计）	9.0（±0.1）	18.7（±0.3）	26.6（±0.4）	35.1（±0.6）	45.4（±0.5）	51.0（±0.1）
修正后	10.4（±0.1）	21.8（±0.4）	31.0（±0.4）	40.9（±0.7）	53.0（±0.6）	59.5（±0.2）
备注	使用 ATAGO Master-M （白利糖度范围0.0％~33.0％）			使用 ATAGO Master-2 M （白利糖度范围28.0％~62.0％）		
	PEG 4000 校正系数：1.166					

（5）干燥

木质沉船的干燥需要用控制干燥法，这种干燥法的目的是通过控制环境的相对湿度，减小干燥应力，从而使木质文物缓慢干燥。当饱水木质文物的水分被水溶性树脂（PEG）替代后，干燥需要更长的时间。PEG 的浓度越高，干燥过程耗时越长。

如果干燥过程中不能保证恒定的温度和湿度，尤其对于木质沉船这样的大型文物，可使用塑料膜（阻止沉船内外的水分迁移）、除湿机和空调在原地对木质沉船进行缓慢干燥（图 3－17、3－18）。小件文物可以用塑料膜包裹后放入干燥室中，以防止干燥过快并保持文物内部湿度。文物表面可能会出现霉菌和真菌，需要认真观察。

当塑料膜内的湿度稳定后，可移去塑料膜，略微降低湿度，然后再用塑料膜包裹，维持稍微降低了的湿度。这个步骤要重复多次。在这个过程中，如果木材表面粘到 PEG，要将木材翻转过来。

当木材湿度与外部环境的湿度相同，且表面没有 PEG 时，可以将塑料布移去。首先要确定实验室环境的稳定性，同时利用空调控制气流。

3－17　干燥过程（达里岛沉船）

3-18 干燥阶段中木质文物用塑料膜覆盖（达里岛沉船）

（6）表面处理

　　木质文物干燥之后，表面会有白色的 PEG 残留物，需要用加热或有机溶剂的方法除去（图3-19、3-20）。加热时，需要用在热水中浸泡过的棉布包裹住表面有 PEG 的区域，使树脂变得柔软，之后加热到60℃，缓慢去除 PEG 残留物。有机溶剂法是用三氯乙烯溶解残留的 PEG。溶剂法可以防止木质文物表面颜色变暗，但是加热法的使用更为普遍。

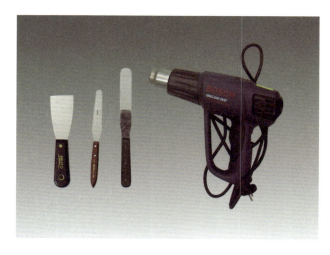

3-19　处理表面所用的工具

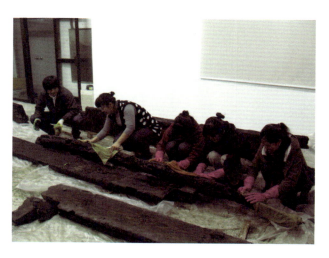

3-20　用布进行表面处理

（7）记录处理过程

文物保护过程中的每一个环节，文物保护后的情况以及其尺寸上的变化等，都需用文字和影像等形式完整记录。

（8）修复

如果有需要，海洋文化遗产研究部门中从事传统船只和海洋民俗的队伍可以修复或制作沉船的复制品。

（9）展示和保存

保护处理后的新安、莞岛和达里岛沉船在韩国国立海洋文化财研究所展览馆中进行展览。由于木质沉船比较脆弱，容易受周围环境影响，因此保存环境的温度应控制在20℃±2℃，相对湿度控制在50%±5%。安全起见，要定期检查温湿度，并用影像监控木质文物。

3.2.3　案例分析

（1）新安沉船[7~9]

新安沉船是在水下拆解后，将船体构件一块块发掘出水，再运往脱盐区域（图3-21）。船体构件浸泡于清水中脱盐，直到盐含量低至50 ppm（图3-22）。用刷子和其他工具清除凝结物（图3-23、3-24）。制作了1:5的模型以精确确定沉船的结构，以辅助船体的保护修复工作（图3-25、3-26）。

沉船的木材为松木，其中轻微降解的木材含水率为150%~237%，较严重降解的木材含水率为280%~650%。而新鲜松木（生材）的含水率为150%左右[8~10]。

低含水率与低降解程度有关，说明含水率可以作为测量木材降解程度的一个指标。

高度降解木材的含水率达650%，意味着木材的含水率是新鲜木材本身的4.3倍，因此糟朽程度更为严重。

3-21　运输新安沉船

3-22　脱盐阶段，换水

03

有机质文物
Organic Objects

3-23　用软管清洗

3-24　用工具清理

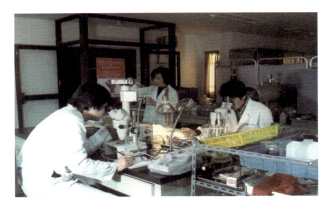

3-25　分析检测

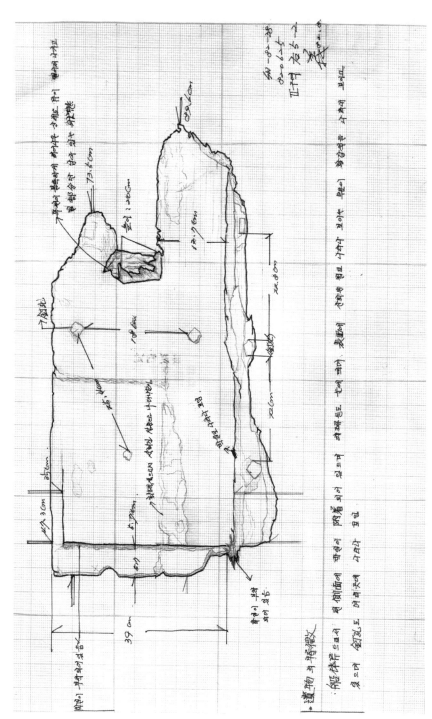

　　新安沉船的木构件使用PEG两步法进行填充加固（图3-27）。具体步骤是在40℃～45℃的水槽中，先加入低分子量的PEG 400至浓度达到20％，之后加入高分子量的PEG 4000直至浓度达到60％~80％。逐渐降低环境相对湿度使木船构件逐渐干燥。之后用浸泡在热水中的棉布除掉木材表面残留的PEG（图3-28、3-29）。按照制作复制品时确定的木船结构信息，将新安沉船的残骸木构件按顺序进行组装复原（图3-30）。将沉船放置于搭建好的框架之中，既保证了沉船的结构稳定性，又揭示了沉船的原始形状（图3-31）。

　　新安沉船保护的第一阶段包括脱盐、清洗、加固、干燥和表面保护[11]，从1981年进行到1999年。而包括复原和筹备展示的第二阶段花费了十年的时间，从1994年到2004年（图3-32）。

　　对木质沉船采用这种PEG处理方法，很重要的一点是做好环境监测，当时使用了环境记录仪（SATO/SK-L 200 TH Ⅱ α/JAPAN）来采集环境数据。

3-27　填充加固

3-28　去除木材表面PEG

3-29　干燥后测量尺寸

3–30　组装复原

3–31　展览

3-32　保护修复报告

（2）珍岛沉船

珍岛沉船在1991~1992年发掘出水。沉船长16.85m，宽2.34m，深0.7m。木材厚度在100~230mm左右[12]。珍岛沉船是用樟木制作的独木舟。樟木有着细密的纹理，在干燥过程中可能会产生一些问题。尝试了PEG两步法（在40℃~45℃的温水箱中，采用低分子量的20% PEG 400浸泡，之后采用高分子量的45% PEG 4000浸泡），但干燥效果很差（图3-33）。因此，选择缓慢干燥

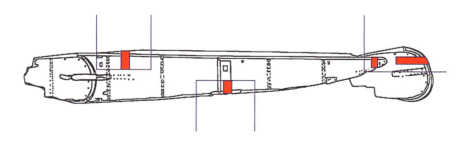

3-33　监控木船的干燥状况
（蓝线代表移除的聚氨酯泡沫，红线代表移除的纤维增强塑料）

法以避免沉船发生意料不到的变化。处理掉浸泡池内的 PEG 400 之后，将沉船固定以防止变形（图3-34）。使用的材料是纤维增强塑料（FRP）和聚氨酯泡沫。在使用纤维增强塑料保护木构件之前，先将浸了水的无纺布覆盖在沉船木材表面。用铜钉固定无纺布，避免在使用纤维增强塑料时无纺布发生位移。采用纤维增强塑料覆盖大部分船体，但接触浸泡池底部的船体无法完全覆盖。设置37个干燥窗用于控制船体干燥速度并对船体进行监控，随后将聚氨酯泡沫覆盖在经过上述处理的木船表面，以增加其强度和刚性。将干燥窗下面的部分无纺布去除，以监控木船表面状况，并安装数据记录仪定期监测环境数据（图3-35）。

3-34　PEG从木材中渗出　　　　　3-35　沉船表面的霉菌

　　2012年的监测数据表明，沉船内部的相对湿度随时间而缓慢降低，温度与外界温度保持一致。珍岛沉船表面可见的区域已完全干燥，但不可能观察到被覆盖的区域。因此，将船体前侧、中侧、后侧和船尾甲板侧共四个区域覆盖的聚氨酯泡沫移除。并在这四个区域由船体的内部到外部，去除了100 mm宽的纤维增强塑料（图3-36、3-37）。

　　未覆盖的沉船表面的情况基本一致。但是，透过干燥窗的监控和直接对沉船表面的监控情况则有明显的不同。当按压木船表面时，PEG会从木材中溢出，木船表面已降解的木材如海绵一般

3-36 沉船的前侧和中侧移除100mm宽的纤维增强塑料后

3-37 沉船的中侧移除100mm宽的纤维增强塑料后

柔软。为了解决沉船一部分已干燥而另一部分未干燥的问题，去除所有的聚氨酯泡沫，以获得准确的温度和湿度信息。保留纤维增强塑料支架以防止木船变形。用塑料膜将装载沉船的容器密封。将数据记录仪安装在沉船的前侧、中侧、后侧以及保护棚的内外两侧，记录温度和相对湿度的变化。在可以获取珍岛沉船的准确温度和相对湿度之后，沉船的干燥工作将会继续进行。

第三节　木质文物

3.3.1　引言

表9列举了韩国国立海洋文化财研究所在2009～2013年保护处理的木质文物。

表9　2009～2013年过去五年处理的木质文物一览表

序号	文物	数量	遗址	时间	处理方法
1	木简	4	泰安沉船	2009/05～2010/04	PEG处理（低浓度），真空冷冻干燥
2	推测为纺车	1	泰安沉船	2010/12～2011/12	
3	包装用木材	6	泰安沉船	2010/01～2011/12	
4	包装用木材	4	泰安沉船	2009/05～2010/04	
5		3	泰安沉船	2009/05～2010/08	PEG处理（高浓度），真空冷冻干燥
6	木简	18	马岛一号沉船	2010/01～2011/01	PEG处理（在叔丁醇中），真空冷冻干燥
		1	马岛二号遗址		
7	包装用木材	14	马岛一号沉船	2010/09～2011/08	PEG处理（低浓度），冷冻干燥
8	木梳	5	马岛一号沉船	2011/01～2011/08	十六醇处理
9	木质文物	1	马岛一号沉船	2011/11～2012/11	PEG处理（在叔丁醇中），真空冷冻干燥
	木简	23	马岛二号沉船		
	木质文物	2			

续表 9

序号	文物	数量	遗址	时间	处理方法
10	木筷	1	马岛二号沉船	2011/12～2012/11	PEG 处理（低浓度），真空冷冻干燥
10	竹筷	3	马岛二号沉船	2011/12～2012/11	
11	木简	11	马岛三号沉船	2011/12～2012/12	
11	木质文物	1	马岛三号沉船	2011/12～2012/12	
11	木简	2	马岛遗址	2011/12～2012/12	
12	木盖	1	马岛一号沉船	2012/12～2013/08	
12	木简	1	马岛遗址	2012/12～2013/08	
12	木简	1	马岛二号沉船	2012/12～2013/08	
12	木盖	1	马岛二号沉船	2012/12～2013/08	
12	木斧	1	马岛二号沉船	2012/12～2013/08	
12	木质文物	1	马岛二号沉船	2012/12～2013/08	
12	木简	3	马岛三号沉船	2012/12～2013/08	
12	木质文物	1	马岛三号沉船	2012/12～2013/08	
13	木质文物	3	马岛一号沉船	2012/12～2013/08	
14	包装用木材	10	马岛二号沉船	2013/01～2013/05	

3.3.2　处理方法

由于潮汐的原因，水下发掘通常需要十天的时间，之后将发掘的文物送往保护实验室。在运输之前，文物保护工作者会收到考古学家提供的包含文物照片的文物清单，从而可以准备相应的容器和保护材料。

表10是小件木质文物的保护流程，尽管与沉船的保护流程大致相同，但在文物尺寸和细节方面存在一定的差异。

表 10   保护流程表

步骤	内容
脱盐	浸入淡水中脱盐 存放时避免干燥
检测	记录文物保存状况，包括拍照 树种鉴定 保护方案
清理	机械清理一般用小工具和超声波清洗机 化学清理使用络合剂
填充加固	PEG 处理
干燥	控制干燥 真空冷冻干燥
粘接 补缺	用丙烯腈树脂黏合剂黏合碎片 用环氧树脂（HV 427° 和 SV 427°）和颜料补缺
档案记录	保护处理后，记录文物保存状况
保存	控制环境温度在20℃~22℃，相对湿度50%~55%

（1）脱盐

文物保护人员获取木质文物的尺寸和重量信息，完成保存状况记录。信息记录之后，将小件木质文物浸泡在自来水或蒸馏水中进行脱盐。如果文物来自同一遗址，可以放在一起脱盐。但是受铁锈污染的木质文物或者铁木复合材质文物则必须与其他文物隔离开来单独进行处理。图3-38展示了一件局部被铁锈侵蚀了的木质文物，在脱盐过程中，木质文物表面遭到进一步的侵蚀，如图3-39所示。

（2）检测

如果木质文物上有墨书，需用红外相机拍照帮助识别上面的文字。

如果文物需要有损分析，取样时需非常小心。使用刀片可以

3-38 木质文物出水后（泰安马岛）

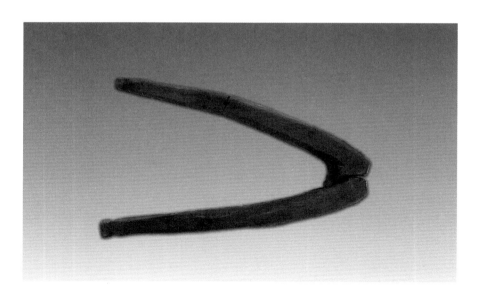

3-39 木质文物脱盐后（泰安马岛）

从木质文物上采集小片样品。对于木质文物残件，样品要从隐蔽部位采集。

（3）清理

清理是保护工作的重要一环。由于木材是多孔材料[11]，在埋于海底时，矿物质会沉积在饱水木材的内部和表面。矿物质的成分可以用化学分析的方法确定，矿物质的存在会增加木材的灰分含量[12]。

通常情况下，沙子的粒径大小为2000μm~50μm，泥沙为50μm~2μm，黏土低于2μm[13]。然而，松木的管胞直径为40μm，橡木的导管为250μm，大部分树木纤维的直径大概为20μm[14]。所以大部分土壤颗粒可以很容易地进入木材中。

矿物质的存在会对 PEG 处理产生负面影响[15]，如果没有完全除尽，残余矿物质会黏附在木质文物表面。

表11　　　　　　饱水木质文物的清理方法

清理方法	方法	备注
机械方法	使用工具	刷子、喷壶和牙签
	浸润	抽吸器浸润木质文物
	使用超声波清洗机	40kHz 清洗30分钟
化学方法	使用 EDTA-2Na 溶液	2%w/v EDTA-2Na 处理72小时 P.C.D. 药剂处理

表11列举了几种清理方法，根据木材降解的程度选择合适的清理方法。清理效果会影响加固的效果，所以木质文物应进行恰当的清理。如果需要化学清理，要将文物浸泡在2% w/v 的乙二胺四乙酸二钠（EDTA-2Na）的水溶液中72小时，之后再将木质文物浸泡在清水中除去化学残留物。清水需经常更换，直到浸泡液 pH 值与清水 pH 值相同为止。如果 EDTA 溶液不能完全清除腐蚀产物，可使用 P.C.D.（浓度为5% 聚乙二醇、5% 连二亚硫酸钠和2% 柠檬酸二铵的混合水溶液）去除腐蚀产物[16]（图3-40、3-41）。

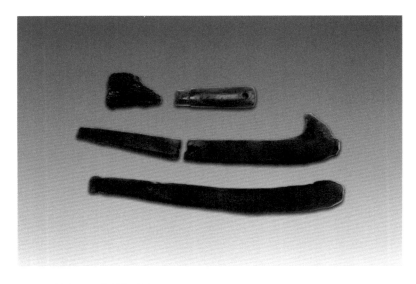

3-40 采用P.C.D.药剂处理前

3-41 采用P.C.D.药剂处理后

（4）填充加固

加固的目标是为了增加木质文物的强度和稳定其尺寸和形状。根据木质文物的尺寸、保存状况和干燥方法的不同，加固方法不同。韩国国立海洋文化财研究所使用聚乙二醇4000（PEG 4000，平均分子量为3900）和十六醇来加固木质文物。

高浓度PEG处理法是将木质文物浸泡于40℃、浓度为10% w/v的PEG 4000水溶液，之后浓度逐渐增加到70%，每次以10%递增。

木质文物在每种浓度下通常浸泡1个月。如果木质文物的厚度超过10 cm，浸泡时间要延长至2~3个月。在PEG浓度为10%~20%的阶段，可以加入2%的抑菌剂来抑制生物活性。

低浓度PEG处理法是在40℃下分别使用10%、20%、30%和40%的PEG 4000水溶液。浸泡时间取决于木质文物的尺寸。另外，木浦文物保护中心的真空冷冻干燥机长度为120 cm，泰安文物保护中心的设备长度为150 cm，如果木质文物的尺寸比真空冷冻干燥机小，可以用低浓度PEG溶液处理后，用真空冷冻干燥法加固木质文物。

在用低浓度PEG处理前，可用叔丁醇替换木材中的水分，这样可以缩短干燥时间。首先，用乙醇替换水分，即在室温下，将木质文物依次在浓度为50%、70%、90%、95%和100%的乙醇溶液中浸泡，其中要在100%乙醇溶液浸泡两次。然后用叔丁醇替代乙醇，将木质文物依次在50%、70%、90%、95%和100%的叔丁醇溶液中浸泡，其中要在100%叔丁醇中浸泡两次，可以在保温水箱中用水族加热器进行加热。用叔丁醇替代后，将木质文物依次在10%、20%、30%和40%的PEG 4000溶液中浸泡。在此过程中，如果脱水方法不当，可能对PEG处理有不利影响，因此应小心操作。

十六醇也可以用于加固木质文物。首先在室温下用乙醇替换水分，之后将木质文物依次浸泡在以乙醇为溶剂的十六醇溶液中，浓度分别为10%、20%、30%、45%、50%、60%和70% w/v，这一过程要用加热器加热。根据文物保存状况，溶液的浓度和浸泡时间有所不同。

　高浓度 PEG 处理法，见表 12 所示。

表 12　　　　　　　　　加固方法 1

化学试剂	浓度	时间	备注
PEG 4000	10%	1个月	加入抑菌剂 处理温度为40℃
	20%	1个月	
	30%	1个月	处理温度为40℃
	40%	1个月	
	50%	1个月	
	60%	1个月	
	70%	1个月	

　低浓度 PEG 处理法，见表 13 所示。

表 13　　　　　　　　　加固方法 2

化学试剂	浓度	时间	备注
PEG 4000	10%	1个月	PEG浓度为10%~20% 时，加入抑菌剂处理 温度为40℃
	20%	1个月	
	30%	1个月	
	40%	1个月	

用叔丁醇和低浓度 PEG 替代水分的处理法，见表14所示。

表14　　　　　　　　　加固方法3

化学试剂	浓度	时间	备注
乙醇	50％	1周	室温下处理
	70％	1周	
	90％	1周	
	95％	1周	
	100％	1周	
	100％	1周	
叔丁基醇	50％	1周	处理温度为50℃
	70％	1周	
	90％	1周	
	95％	1周	
	100％	1周	
	100％	1周	
PEG 4000	10％	1个月	处理温度为50℃
	20％	1个月	
	30％	1个月	
	40％	1个月	

十六醇处理法，见表15所示。

表15　　　　　　　　加固方法4

化学试剂	浓度	时间	备注
乙醇	50％	1周	室温下处理
	70％	1周	
	90％	1周	
	95％	1周	
	100％	1周	
	100％	1周	
十六醇	10％	1周	处理温度为50℃
	20％	1周	
	30％	1周	
	40％	1周	
	50％	1周	
	60％	1周	
	70％	1周	

（5）干燥

干燥方法分为两种，控制干燥法和真空冷冻干燥法。

采用高浓度PEG处理的木质文物以及轻微降解的木质文物可以采用缓慢干燥法进行干燥。在干燥过程的初期，将木质文物放置于容器中或用透明塑料膜覆盖，并用湿度计监测湿度，避免干燥速度过快。周围要保持在一个较高湿度的恒定环境。一旦湿度稳定，可以稍稍打开盖子或塑料膜来降低湿度。持续这一过程直至木质文物完全干燥。

在真空冷冻干燥方法中，木质文物中的水分会在真空状况下脱除。用聚乙二醇处理之后，将木质文物放入 -40℃的真空冷冻干燥机中冷冻大概3~7天的时间。腔室内温度为 -40℃，而冷阱的温度为 -80℃。真空冷冻干燥机内有三个温度传感器，其中两个接触木质文物，第三个悬挂在空中。在干燥过程中，压力保持在5 mm汞柱。开始干燥时，腔室内的温度从 -40℃升至 -30℃。PEG 4000的共晶点为 -17℃，所以整个干燥过程都要低于这个温度。干燥完成后，将木质文物在室温下保存在容器中。

（6）表面清理

将用浸泡于浓度为90%乙醇溶液中的棉布擦除木质文物表面残留的聚乙二醇溶液。如果在聚乙二醇处理之后木质文物颜色变浅，可以用热风枪在60℃加热，使木质文物表面轻微变暗。

（7）粘接与修复

如果需要粘接木质文物的碎块，可以用丙烯腈黏合剂。粘接之后，可以用环氧树脂(SV 427°/HV 427°)和颜料的混合物填补及增加木质文物强度。

（8）记录与保存

处理完成之后，要将处理过程用图片的形式详细记录。文物要存放在稳定的环境中，温度范围在18℃~22℃左右，相对湿度范围在45%~55%。存放环境要长期监控。

3.3.3 案例分析

（1）马岛一号沉船上的木简：低浓度PEG处理和真空冷冻干燥

将2009年在马岛一号沉船和马岛二号遗址发掘的木简拍照后立即送往文物保护实验室（图4-42、4-43）。木简表面覆盖泥土和其他沉积物，部分木简被船蛆侵害。

全面调查木简保存状况，将木简浸泡在淡水中脱除盐分，同时避免木简变形。

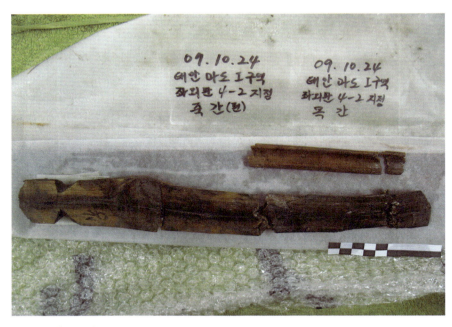

3-42　木简处理前

3-43　木简处理前

3-44　用刷子清理

3-45　用EDTA-2Na化学清理

　　用红外照相机拍摄照片，识别木简上的字迹。之后用毛刷清理木简表面的沉积物（图3-44），并浸入浓度为2% w/v 的 EDTA-2 Na 水溶液中除去铁元素（图3-45）。经过化学清洗后，需对木简进行彻底清洗，除去残留的 EDTA。接着用乙醇替代木简中的水

3-46　增加PEG浓度

3-47　去除PEG残余

3-48　真空冷冻干燥

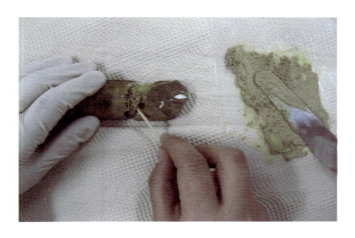

3-49　粘接与修复

分，乙醇浓度分别为50％、70％、90％、95％和100％，100％
乙醇溶液浸泡两次，再用叔丁醇替代乙醇，用同样方法处理；之后，
将木简浸泡在PEG 4000叔丁醇溶液中，浓度逐渐以5％递增（图
3-46）。保护工作耗时一年（2010年1月25日～2011年1月14日），
加固工作在2010年11月和12月完成。由于当时室温较低，PEG
溶液在木简表面很快凝固，用热风枪在60℃下加热，除去木简表

面凝固的 PEG（图3－47、3－48）。最后用丙烯腈黏合剂粘接木简碎块，用环氧树脂（SV427°/HV427°）和颜料的混合物填充（图3－49）。

（2）马岛一号、二号、三号沉船的木质文物：低浓度PEG处理和真空冷冻干燥

根据保存状况将木质文物分为两组，状况较好的与降解严重的。大部分文物表面有沙子和火烧痕迹。

采用低浓度 PEG 和真空冷冻干燥法处理这批木质文物。

清理木质文物内部的海洋生物、藻类、孔洞，清除文物表面的各种沉积物，之后用超声波清洗机清洗（图3－50、3－51）。如果不清除干净，加固过程会受到影响。

清洗之后，将木质文物浸泡在浓度为10％w/v 的 PEG 水溶液中，之后将 PEG 的浓度逐渐升高至40％（图3－52）。完成加固之后，采用真空冷冻干燥机，将木质文物在－40℃的温度下冷冻7天、干燥5天（图3－53、3－54）。残留在木质文物表面的 PEG 用乙醇和60℃的热风枪去除。用5％的 B72丙酮溶液加固火烧的部位，避免发生进一步的损坏。碎片用丙烯腈黏合剂粘接。环氧树

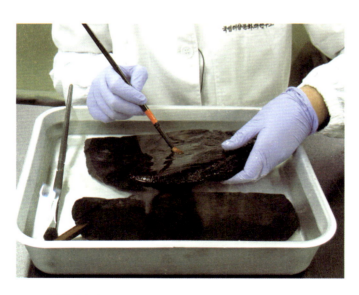

3－50　用刷子清洗

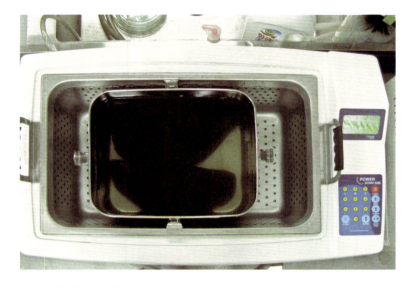

3-51 用超声波清洗机清洗

3-52 填充加固

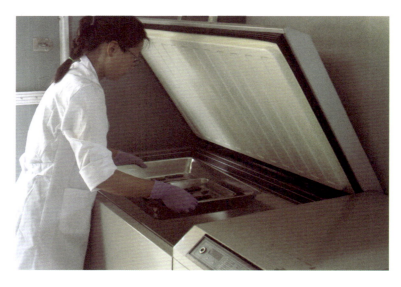

3-53　冷冻干燥机中冷冻

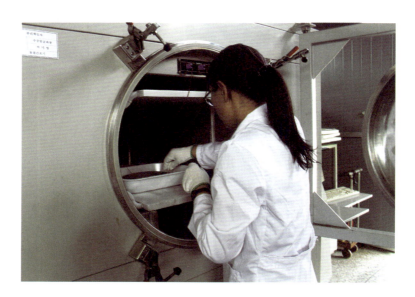

3-54　真空冷冻干燥

3-55　修整

脂（HV427®/SV427®）和颜料混合用于加固与修复，这样不仅可以增加文物的强度，也有利于文物的外观呈现（图3-55）。

（3）泰安沉船上的包装用木材：高浓度PEG处理

2007~2008年，泰安沉船上发掘出水了22000件瓷器，用来包装瓷器的木材也一同出水。大部分木材的长度都不超过50cm，可以用低浓度PEG处理和真空冷冻干燥法处理；然而，有三根木材的长度超过1m，大于真空冷冻干燥机的尺寸，则用高浓度PEG处理。这三件文物长110cm~134cm，宽2.5cm，厚度为0.6cm~1.2cm，有纵向裂纹和降解，表面有沉积物。其中两件有变形（编号为5和7），因此需要小心处理。为此制作了一个箱子以方便处理和运输。

处理前记录文物的保存状况并拍照（图3-56），然后用毛刷、小工具、喷壶清理文物。用PEG4000加固，浓度由10%增加到70%，每次递增10%，每种浓度下浸泡一个月。整个填充加固过程在50℃左右的加热池内进行。

接着是尺寸稳定化过程。除去残余的PEG后，用控制干燥法干燥文物（图3-57）。用透明塑料膜包裹文物，缓慢干燥。高浓度PEG处理和控制干燥法不需要特殊的仪器，容易操作，但是这些方法可能会使文物变色和变脆。

3-56 保护处理前

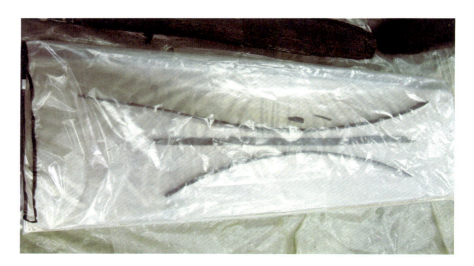

3-57 控制干燥

　　木质文物充分干燥后，用热风枪在60℃～70℃下除去文物表面残留的 PEG（图3–58）。用丙烯腈黏合剂和环氧树脂（HV 427®/SV 427®）修复裂纹和粘接碎片（图3–59、3–60）。保护工作完成后，详细记录文物保存状况并拍照（图3–61）。

3-58　用热风枪处理表面

3-59　粘接与修复

3-60　局部修复后

3-61　保护处理后

（4）泰安马岛一号沉船遗址的木梳：十六醇处理法

2009年泰安马岛一号遗址发掘出水了5个木梳。木梳的梳齿很细，在干燥过程中极易断裂和弯曲。为了提高木梳的尺寸稳定性，使用了十六醇处理法（图3-62、3-63）。

对木梳进行精细拍照，详细记录文物保存状况。用刷子和喷壶清洗木梳，小心清除梳齿之间的污染物。之后将木梳在2％的EDTA-2Na水溶液中浸泡3天，进行化学清洗。最后将木梳浸泡在水中除去残留的EDTA-2Na。

加固时，先在室温下将木梳分别浸泡于乙醇溶液中，其溶液浓度梯度分别为50％→70％→90％→95％→100％（1）→100％（2），

3-62　木梳处理前（泰安马岛一号沉船出水）

3-63 木梳处理后

之后再将木梳放入50℃的浸泡装置中，用十六醇的乙醇溶液（浓度梯度分别为10%→30%→50%）替代乙醇溶液进行浸泡。每个浓度下浸泡一周的时间。

加固过程完成后，将木梳在室温下干燥。由于十六醇残留在文物表面，木梳表面会发白，用50℃的热风枪除去木梳表面的十六醇残留物。重复这一步骤直到完全去除十六醇。

其中一件木梳断为三截，断裂部位用丙烯腈黏合剂粘接，然后用环氧树脂（HV427®/SV427®）和颜料混合后修复。梳齿的碎片用丙烯腈黏合剂，在镊子的配合下进行粘接。

第四节　谷物

3.4.1　引言

泰安马岛一号沉船遗址发掘出水了大量的谷物，如大米、荞麦、小米及其他农作物。马岛二号和三号沉船遗址也发现了大米。这些谷物在海洋中埋藏了超过800年的时间，谷物的主要成分——淀粉已经分解殆尽，只留下皮糠，降解的物质被水分替代。因此，这些谷物必须经过保护处理才能在脱离海洋环境后安全的保存下来（见表16）。

表16　　　　　　　　过去5年处理的谷物一览表

序号	文物种类	数量	出水遗址	时间	处理方法
1	大米	一组	马岛一号沉船	2010/01～2012/12	十六醇
2	荞麦	一组	马岛一号沉船	2010/01～2011/12	十六醇
3	小米、珍珠粟	一组	马岛一号沉船	2013/01～处理中	十六醇

3.4.2　处理方法

谷物的保护处理过程如表17所示。

表17　　　　　　　　谷物保护处理流程表

步骤	内容
整理文物	转移至盛有水的容器中
脱盐	浸泡在淡水中
检测	记录文物的保存状况，拍照分析检测
清理	机械方法：用筛子清理 化学方法：2%w/v EDTA–2Na 水溶液
填充加固	室温下用乙醇代替水分 （50%→70%→90%→95%→100%→100%） 50℃下浸泡在十六醇的乙醇溶液中 （浓度变化10%→30%→50%）
表面处理	去除残余的十六醇 碎块分离
记录	完成报告
保存	温度20℃ ± 2℃，相对湿度50% ± 5%

（1）整理文物

谷物类文物经考古发掘并运往实验室后，首先应记录文物的
保存状况并拍照。如果谷物放置在密封容器运输，可以保持原貌。
但是，如图3－64所示，如果大量谷物是放在袋子里运输的，必须
放入密封容器中以保持其湿度不变。如果仍留在袋子中，谷物会
失去原有形状。谷物中的微生物含量高于饱水木质文物和饱水骨
骼，所以最好在4℃的冰箱中保存。

3-64　发掘出水混合泥土的大米

（2）脱盐

与处理木质文物一样，谷物也可浸泡在清水中脱盐。同样的
处理时间下，谷物脱盐的效率更高。

（3）检测

大多数发掘出水谷物的类别难以确定，需仔细观察其特征。因
此，当文物出水后，首先要有专家在实验室内对其进行专业分析。
在分析谷物的种类之前，要和专家讨论最好的清洗和取样的方法。

（4）清理

泰安马岛一号沉船遗址发掘出水的大米和荞麦中没有混合其

他谷物，但混合了一些泥沙，因此，需要用小网眼的筛子对这些微小的泥沙进行筛除（图3-65）。如果谷物中混合有贝壳碎片或沙砾，需要用镊子进行分离。

在进一步清理之前，谷物要进行化学清理（图3-66、3-67）。将谷物浸泡在2%w/v的EDTA-2Na水溶液中三天，之后浸泡在清水中除去残留的化学药剂。不断更换清水直到溶液pH值与清水相同。

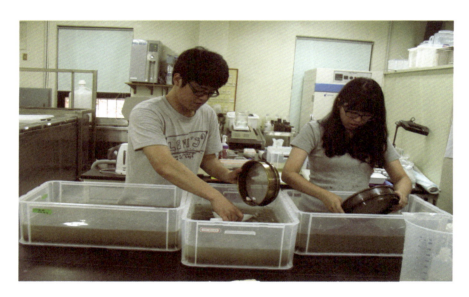

3-65　用筛子清洗

3-66　EDTA-2Na处理谷物前

3-67　EDTA-2Na处理谷物后

（5）填充加固

　　由于谷物十分脆弱，移动时要将它们薄薄一层地铺在不锈钢细孔筛上。每个步骤都要小心拿住容器防止意外。十六醇用来提高谷物的尺寸稳定性。谷物在室温下浸泡在乙醇溶液（浓度梯度为 50%→70%→90%→100%→100%）中，根据谷物的状况增加乙醇浓度，每种浓度下至少浸泡三天（图 3-68）。之后，将谷物放入 50℃ 的浸渍设备，用十六醇（浓度变化为 10%→30%→50%）代替乙醇，每种浓度下保持七天（图 3-69）。由于大量的十六醇会残留在表面，谷物会发白。

3-68　用乙醇取代水分

3-69　浸泡于十六醇溶液中

（6）表面处理

尺寸稳定性处理之后，将容器倒置在65℃~70℃的加热盘上，用60℃的热风枪加热容器底部，使得谷物和容器分离。之后，十六醇会在加热盘上被逐渐去除。期间，要更换放在加热盘上的滤纸，以除去残留在谷物表面的十六醇（图3-70）。表面处理完成之后，用镊子和手术刀分离碎片（图3-71）。

3-70　大米表面处理

3-71　分离碎块

（7）记录保存状况

文物保护处理的每个步骤和结果都要详细记录并拍照（图3－72～3－77）。

3-72　处理前的大米

3-73　处理后的大米

3-74 处理前的荞麦

3-75 处理后的荞麦

3-76 处理前的小米和珍珠粟

3-77 处理后的小米和珍珠粟

（8）保存

　　如果使用了十六醇，谷物受环境温度影响较小。国际博物馆协会（ICOM）推荐的展示和保存条件为温度20℃±2℃，湿度50%±5%，并且要定期检查文物保存状况。

第五节 骨骼与角质

3.5.1 引言

从泰安竹岛和马岛一、二、三号沉船出水了人类、猪、鱼、鸟等的骨骼和角质文物。

骨骼和角质文物中约70%的成分为无机晶体，包括磷酸钙、各种碳酸盐和氟化物。有机组织（骨胶原）只占约30%。

骨骼和角质都是多孔材料[17]，因此微生物和水分很容易进入骨骼和角质并在表面留下污点。这类材料在温度和湿度的作用下很容易变形和开裂。骨胶原会在水解作用下分解，无机的基质会在酸的作用下快速分解[18]。在干燥过程中这些文物会收缩并导致分层和开裂[19]。综上所述，骨骼和犄角在出水后需要进行保护处理。

表18中列举了2010~2013年保护处理的骨骼类相关文物。

表18 2010~2013年保护处理的骨骼类相关文物

序号	遗址	数量	时间	处理方法
1	马岛二号沉船（2010）	35	2010/05~2011/03	脱盐、干燥、加固（3% w/v B72丙酮溶液）
2	马岛二号沉船（2010）	14	2011/05~2011/12	脱盐、干燥、加固（3% v/v Caparol 水溶液）
3	马岛二号遗址（2012）	8	2012/05~2013/05	脱盐、干燥、加固（3% w/v B72丙酮溶液）

3.5.2 保护处理

骨质类文物的基本保护处理流程如表19所示。

表19　　　　　　　　　　保护处理流程表

步骤	内容
处理前	保存在盛有水的容器中
脱盐	在淡水中浸泡脱盐
检测	分析材料类型 文物保存状况记录和保护处理建议
清理	机械清理是用小工具和超声波清洗机 化学清理则作为备选方法，在文物表面有限的使用
干燥	在阴凉处干燥
填充加固	用5％ w/v B 72刷涂或浸渍
粘接	丙烯腈黏合剂
档案记录	保护处理后，记录文物状况
保存	控制保存环境，温度20℃～22℃，相对湿度50％~55％

（1）保护处理前

出水骨质类文物采用三种包装运输方式，大件骨质文物单独包装，避免快速干燥；鱼和鸟的骨头保存在容器中；与陶器一起发掘出水的骨质文物可以不用包装而直接运往实验室（图3-78、3-79）。骨质类文物应根据保存状况的不同，采用不同的保护处理方法。

在处理前要准备好脱盐的容器。对于要运输的文物，需拍照并详细记录文物保存状况，并在每件文物上贴好详细的标签。将文物打开包装，浸入淡水。在陶罐内发现的骨质文物，周围通常有许多泥土，经毛刷清理后用水冲洗，这些骨质文物一旦被分离开就要保存在容器中。

（2）脱盐

骨质类文物要保湿并保存在不透明的容器中。如果储存在透

3-78　马岛一号沉船出水的陶罐

3-79　陶罐内部

明的容器内，其表面不可避免会受到光线的影响。而且，根据保
存状况，骨质文物应分类保存。尤其是被铁污染的骨质文物，须
与其他文物分开保存。

　　骨质文物脱盐用去离子水或自来水，每周更换一次，并检测水中氯含量，直到氯含量达到所用去离子水或自来水的氯含量为止。脱盐过程通常需要1个月的时间（图3-80）。

3-80　脱盐

（3）检测

　　发掘出水的骨质文物有时会误以为是木材或瓷器。如果鉴别有误，需要用显微镜或红外光谱进行分析。所有出水的骨质文物需由专家进行骨质类别分析。如果在陶罐中发现了鱼骨或甲壳，则需要在清洗之前由专家对其进行查看与分析（图3-81）。

3-81　骨质文物表面的苔藓

（4）清理

在更换脱盐溶液时，可以进行一些清理工作，用毛刷或竹刀等小工具清理骨质文物表面的贝壳和泥沙（图3-82）。由于骨质文物表面十分脆弱，因此要小心处理，避免对骨质文物表面造成损伤。在脱盐和清理之后，用超声波清洗机对骨质文物进行彻底清洗（图3-83）。

3-82　毛刷清理

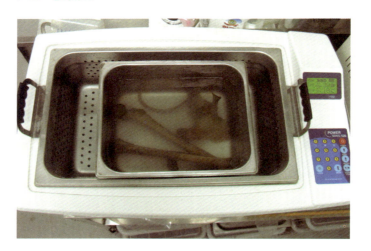

3-83　超声波清洗机清洗

（5）干燥

骨质类文物内部不均匀且具有吸水性[18~20]，在干燥过程中，骨质文物的结构会受到这些性质的影响，容易发生开裂和变形。因此，干燥是骨质文物保护过程中重要和精细的一步（图3-84、3-85）。

用纸或布除去骨质文物表面的水分，之后将文物放在容器中缓慢干燥（图3-86、3-87）。由于骨质文物一般比较脆弱且易裂，因此不能快速干燥。

3-84　除去水分

3-85　除去水分

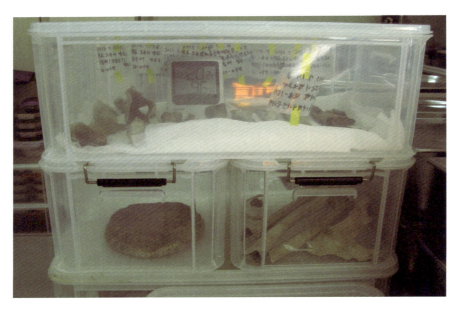

3-86 在容器内缓慢干燥

3-87 缓慢干燥

（6）加固和粘接

加固不是骨质文物必需的保护处理步骤。如果骨质文物需要进行放射性碳年代测定或 DNA 分析，在测定之前，不能进行加固处理。

根据骨质文物的保存状况不同，有两种加固方法。第一种是用刷子或滴管将加固溶液涂刷或滴渗于骨质文物表面；另一种是将骨质文物浸泡于加固溶液中。

20% v/v 的 Caparol 水溶液[21]、十六醇[22]、2% ~10% w/v 的 B72 丙酮溶液[18,22~25] 通常用于骨质文物的加固。

韩国国立海洋文化财研究所主要用浓度为 3% ~5% w/v 的 B72 丙酮溶液或 3% v/v 的 Caparol 水溶液。Caparol 加固剂存在一些缺点，密度较大，且在高湿环境下容易老化（图 3-88）。

加固之后，可以用丙烯腈黏合剂进行必要的粘接（图 3-89）。

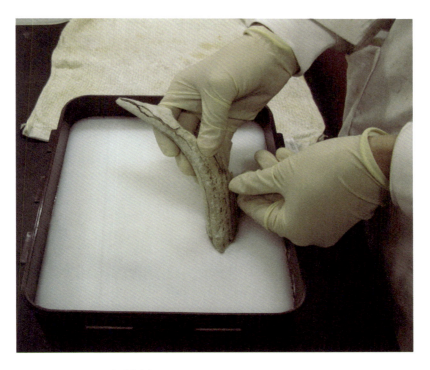

3-88　用3% Caparol溶液加固

3-89 粘接

（7）保存

骨质类文物对湿度敏感。如果骨质文物处于高湿环境中，表面可能出现霉菌。与此相反，如果处于干燥环境中，骨质文物又可能收缩变形。因此，骨质文物的保存环境应控制在20℃±2℃的温度和50%±5%的相对湿度。

保护处理后的骨质文物见图3-90、3-91。

3-90 骨质文物处理前（泰安马岛二号遗址）

3-91 骨质文物处理后（泰安马岛二号遗址）

[1] Florian, M-L.E. (1990) 'Scope and history of archaeological wood' Archaeological wood, properties, chemistory and preservation Washington D.C.,pp.3-32.

[2] Kim Yunsoo, Kim Kyuhyeok, Kim Yeongsuk (2004) Wood preservation science Chonnam NationalUniversity pp.351-354.

[3] Kim Yunsoo, A.P.Singh (2000) Micromorphological characteristics of archaeological woods at waterlogged situations – a review J.IAWA.21 pp.135-155.

[4] Kim Yunsoo (1990) Chemical characteristics of waterlogged wood Holzforschung 44 pp.169-172.

[5] Sawada Masaaki (2000) 'Section 3 Conservation of wood' Conservation science of cultural propertiesSeogyeong munhwasa p.90.

[6] Cha Miyoung, Yoon Yonghee (2012) Dalido shipwreck conservation reportThe National Research Institute of Maritime Cultural Heritage pp.48-61.

[7] Choi Gwangnam (1984) 'Conservation of the Shinan shipwreck' Conservation studies 5.

[8] Choi Gwangnam, Mo Wonjong, Kim Ikjoo, Jung Yangho and Kim Minuk (1986) 'Conservation ofarchaeological shipwreck (IV) ' Conservation studies 7.

[9] Kim Ikjoo, Yang Soonseok (2004) The Conservation and restoration report of

03

有机质文物
Organic Objects

Shinan shipwreck the National Maritime Museum pp.26–37.

[10] The 木浦 Maritime Heritage Conservation Centre (1993) Report on the excavation of Jindo logboat The 木浦 Maritime Heritage Conservation Centre p.37.

[11] Cha Miyoung, Lee Gwangho, Kim Yoonsoo (2006)'Alteration of physical and chemical characteristics of waterlogged archaeological woods after cleaning' Conservation and restoration of cultural heritage 19 pp.19–30.

[12] Kim Yoonsoo, Kim Kyuhyeok, Kim Yeongsuk (2004) Conservation of wood object Chonnam National University p.362.

[13] Jo Sungkwon (1995) Sedimentology Woosung

[14] Park Sangjin (1999) Wood anatomy and identification Hyngmunsa

[15] Kang Aegyeong (1996)'Micromorphological changes of waterlogged archaeological wood in PEG 4000 and sucrose treatment' Conservation and restoration of cultural heritage 5.

[16] V.Richard et al. (2010)'Iron removal from waterlogged wood and the effects on wood chemistry' 11th ICOM–CC WOAM

[17] http://Krdic.naver.com (2013/06/18)

[18] http://nautarch.tamu.edu/CRL/conservationmanual/File3.htm – Texas A&M Univ. (2013/11/13)

[19] Florian, M–L.E. (1987)'Deterioration of organic materials other than wood' Conservation of marine archaeological objects pp.53–54.Edit. Colin Pearson.Butterworths Series in Conservation and Museology

[20] Jenssen, V. (1987)'Conservation of wet organic artifacts excluding wood' Conservation of marine archaeological objects pp.158–159.Edit.Colin Pearson.Butterworths Series in Conservation and Museology

[21] Kim Jaehyeon (2009) Conservation of the human bone excavated in Daeseom island Goryeo celadon shipwreck The National Research Institute of Maritime Cultural Heritage pp.428–431.

[22] Kim Ikjoo (2006) Preservation of the objects from shell mound Methods and practices in Korean archaeology 2. The National Research Institute of Cultural Heritage pp.271–279.

[23] Lee Ohui (2011) Conservation science Juryuseong p.96.

[24] Godfrey, L et al. (2004/2005) Procedures for the treatment of marine archaeological materials

[25] http://www.sha.org/research/conservation_facts/treatment.cfm SHA (Society for Historical Archaeology.2013/11/13.

韩国
海洋出水文物
保护手册

Conservation Manual
of Maritime Archaeological Objects
in Korea

04 金属
Metal

Lee Gyeongro

第一节　引言

金属是通过还原反应从矿石中提取的，这一过程是氧化反应的逆反应。金属文物会发生化学变化，回到它们的氧化态，这就是通常所说的腐蚀。尽管长期暴露于海水和盐分中，水下埋藏的金属文物保存状况尚佳，但一旦出水并暴露于空气中，保存环境改变，金属文物会发生快速的氧化。因此，金属文物需要长时间的保护处理以抑制其氧化。保护处理的重点主要是加固与脱盐。

韩国国立海洋文化财研究所发掘出水的金属文物大多为铁质和青铜文物，本章主要描述这些铁质器物和青铜文物的保护处理。

各式各样的青铜勺、青铜容器以及铁锅被发掘出水，这些器物可能是船员们使用的生活用品。表20列举了泰安竹岛遗址和马岛一号、二号、三号沉船出水的金属文物。

表20　　　　　　　　　　　金属文物的类型一览表

遗址	材质	文物种类
泰安竹岛	青铜	碗
	铁	复合材质文物、锅
马岛一号沉船	青铜	勺
	铁	锅
马岛二号沉船	青铜	匙、容器
	铁	锅、盖子
马岛三号沉船	青铜	容器、勺、长柄勺、钟、钱币
	铁	锅

由于保存环境不同，海洋出水金属文物的腐蚀程度不同，保存环境包括是否埋藏于海床、埋藏点的海水盐度，以及遗址所处位置等。

铁锅通常发掘于海床，附带腐蚀产物，或与瓷器、铜器附着在一起，因此很难判断文物原本的形状和实施脱盐处理。

青铜文物表面会有一层铜绿，可以起到保护作用。但是，"青铜病"有时存在于部分青铜文物中，被感染的文物应尽快处理。

表21为2007~2012年保护处理的金属文物。

表21　　2007~2012年保护处理的金属文物一览表

出水时间	遗址	数量
2007/12~2009/10	泰安竹岛	3个青铜盘
2009/09~2009/10	保宁外烟岛	76枚铜钱、1个青铜狮身香炉
2009/05~2010/11	马岛一号、二号遗址	31个青铜勺、13件青铜器、2枚铜钱
2010/06~2010/11	马岛二号遗址	2个青铜勺、1枚铜钱
2011/07~2011/11	马岛二号遗址	2个青铜勺、1个顶部打结的别针
2011/07~2011/11	马岛二号沉船	8个青铜勺、4个青铜容器
2010/11~2011/04	飞京岛	69枚"常平通宝"铜钱*
2011/05~2012/06	马岛二号遗址	4个青铜勺、2个青铜容器、3枚铜钱、1个顶部打结的别针
2011/05~2012/06	马岛三号沉船	1个青铜容器、1枚铜钱、1个青铜长柄勺
2011/08~2012/10	马岛	85件青铜器、1件铜管
2012/10~2012/11	泰安竹岛	2件青铜勺、铜钱
2007/12~2011/05	泰安竹岛	1件铁锅、1件复合材质文物
2009/05~2011/12	马岛一号沉船	3件铁锅
2009/05~2011/12	马岛二号遗址	3个铁质盖子
2011/11~2011/12	莞岛唐木里	1件铁锅（二次保护）
2009/05~2012/11	马岛	2件铁锅
2012/11~2012/12	马岛二号遗址	4件铁锅、1件铁火盆、1个铁质盖子

*　sangpyeongtongbo即常平通宝，朝鲜李朝时期的铜钱（译者注）。

金属文物的保护处理流程如表22所示。各步骤的顺序可根据文物的材质、保存状况和纹饰进行调整。

表22　　　　　　　　金属文物保护流程表

检测	保存状况报告	结构	状况	基体检查	绘图	尺寸测量
		观察文物的材质和保存状况				
	摄影 显微镜 X 光分析	摄影		显微镜	X 光分析	
		通过摄影和显微镜获取文物的保存状况、表面纹饰和图案的图像；X 光分析用于观察文物内部情况和铭文				
	分析	微观结构分析	硬度检测	SEM-EDS	ICP-AES	
		分析文物材料的元素组成和制作工艺				
处理	清除凝结物	铁质文物		非铁质文物		
		用物理方法清理所有凝结物		如果没有感染青铜病，则可用工具清理沙子和贝壳沉积物		
	脱盐	将文物浸泡于0.1M的倍半碳酸钠溶液中脱盐				
	脱碱	脱碱		脱水		
		文物浸泡在蒸馏水中，每天更换，直到 pH 接近7		用乙醇脱水		
	干燥	放入80℃以上的烘箱中充分干燥				
	缓蚀 （青铜器）	苯并三氮唑处理，减缓腐蚀				
	加固	铁质文物		非铁质文物		
		在真空容器中用30%的 Palaroid NAD10溶液加固		浸泡在 Incralac 溶液中加固		
	粘接	用 Super glue™ 和环氧树脂进行粘接				
	补配	铁质文物		非铁质文物		
		用环氧树脂和填料进行补配				
	上色	如果补配的部位较大，需要上色处理				
报告	处理后	记录		拍照		
		处理后记录处理过程、使用的保护材料和文物状况并辅以照片				
保存		控制和监测保存环境，防止进一步腐蚀				

第二节　铁质文物

4.2.1　引言

金属铁在温度、湿度和氧气的作用下会发生腐蚀。铁在水下的腐蚀速率实际上很慢，这是由于水下的环境相对稳定，其次是因生成的腐蚀层会保护铁器。但是，铁器发掘出水后环境改变，会迅速发生腐蚀。暴露于空气中后，来自海水的氯离子会加速铁器表面的腐蚀，因此铁质文物出水后不能立刻干燥，脱盐除去氯离子是十分重要的一步。

如果铸铁文物不能在稳定环境中保存，会产生裂纹。由于晶间腐蚀，铁器也可能发生粉化。铁质文物的腐蚀产物通常为针铁矿（α-FeOOH）、四方纤铁矿（β-FeOOH）、纤铁矿（γ-FeOOH）、磁铁矿（Fe_3O_4）和蓝铁矿[$Fe_3(PO_4)_2 \cdot 8H_2O$]。

4.2.2　保护方法

（1）检测

在实施保护之前，要对铁器的保存状况进行评估并做详细记录。档案资料的内容应包括考古信息、保护处理的材料和方法。同通过分析检测可以了解铁器的制作方法、纹饰和腐蚀程度。

（2）凝结物清理

凝结物清理是指去除铁器表面的腐蚀产物。海洋出水铁质文物的表面会覆盖厚厚的坚固的腐蚀产物、贝壳沉积物，以及海洋生物和海洋藻类的痕迹。这些都需要用震动工具、牙科工具和钻头等进行物理清除。凝结物清理的过程可能会损伤铁器，因此要小心处理。

想快速清理凝结物是比较困难的，为了加快速度，在处理过程中可将清理对象浸泡和存放在0.1mol/L的倍半碳酸钠

（$Na_2CO_3 \cdot NaHCO_3 \cdot 2H_2O$）溶液中。

（3）脱盐和脱碱

海洋出水铁质文物在水下长时间暴露在氯离子溶液中，除去腐蚀产物后，铁质文物中的腐蚀性氯离子部分去除。将铁质文物浸泡在 0.1 mol/L 的倍半碳酸钠溶液中继续脱除氯离子，溶液每两周更换一次，整个过程需要很长时间。

脱除所有的氯离子之后，将铁质文物浸泡于蒸馏水中除去碱液残留物。直至溶液的 pH 值达到 7，之后将铁质文物置于干燥箱中彻底干燥。

（4）加固

加固可以提升铁质文物的强度。加固材料施用后，应能迅速渗透文物并干燥。加固之后，要对铁质文物长期跟踪检查以免发生更一步腐蚀。

将铁质文物放入真空容器中，浸泡在 30% w/v Paraloid NAD 10 的石脑油溶液中。真空容器内的压力要逐渐降低至 70 cm/Hg，但是，根据铁质文物状况可能做些调整。加固之后，用纸巾擦去文物表面残留的溶液并进行长时间的干燥。该步骤需重复三次。

（5）粘接与修复

海洋出水铁质文物结构脆弱，容易损坏。易碎部位或碎片可用 Super glue™ 处理。Super glue™ 一般来说是指丙烯腈黏合剂，可以快速干燥。Loctite 401® 粘度较高，可以用于大碎片的粘接。Alteco® 黏度较低，可以用于加固小碎片和易碎区域。

修复时通常使用两种环氧树脂：Araldite（快干型）和 Araldite SV 427®/HV 427® 或 AW 106®/HY 953 U®。Araldite（快干型）凝固较快，与 Araldite SV 427®/HV 427® 和 AW 106®/HY 953 U® 相反。小的缺失部分可用 Araldite（快干型）和填补材料修复，而大的缺失部分可用 Araldite SV 427®/HV 427® 或 AW 106®/HY 953 U® 和填补材料修复。

（6）上色

修复部分的色彩和纹理可用丙烯颜料处理。丙烯颜料可以快速干燥且有好的附着力，是一种方便使用的上色材料。丙烯颜料涂在铁质文物表面时会形成一层薄膜，可以防止文物因紫外线辐射而变色。

（7）储存

保护处理完成之后，要记录保护流程、所用材料和保护后铁质文物的状况。即使文物进行了保护处理，如果温度和湿度等保存环境控制不当，保护处理后的铁质文物仍会再次发生腐蚀。因此，文物要和脱氧剂、干燥剂一同密封。铁质文物应储存在温度为20℃~22℃，相对湿度低于45%的保存环境中。

4.2.3 案例分析

（1）泰安马岛遗址出水的复合材质文物

① 处理前

该组文物2007年从泰安马岛遗址发掘出水。考古学家认为这些文物是高丽王朝时期船员的生活用品。文物包含一件铁锅、一件青铜碗的边缘、陶器碎片和贝壳沉积物、沙子的复合材质文物。铁锅内充满沉积物，青铜碗腐蚀严重。总而言之，该组文物腐蚀严重且包覆着厚厚的凝结物，很难辨别文物的原始形貌（图4-1）。

② 去除凝结物与脱盐

小心去除大块凝结物，尽可能减少对文物的损坏。用手术刀去除大部分凝结物，小刀用于更精细的清理工作（图4-2）。

文物在凝结物的包裹下看起来状况尚可，但一旦暴露于空气中会迅速发生腐蚀，因此将文物浸泡于0.1mol/L的倍半碳酸钠溶液中防止进一步腐蚀。

③ 脱碱、脱水与干燥

将文物浸泡在蒸馏水中，每天换水直至pH值为7。之后将文物浸泡在95%的乙醇溶液中一段时间，取出后在烘箱80℃下干燥8个小时。

4-1　处理前

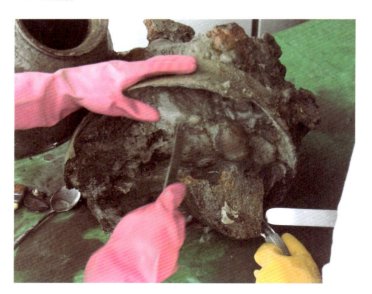

4-2　凝结物清理

　　④　加固与修复

　　采用真空浸渍法，将文物浸泡在浓度为30％ w/v Paraloid
NAD10的石脑油溶液中（图4-3、4-4）。铁锅在处理过程中发生

4-3　加固

4-4　上色修整

　　了晶间腐蚀。铁锅所用粘接材料为丙烯腈黏合剂，修复材料为环氧树脂（Araldite SV427® 和 HV427®，1：1混合）和填补材料（微珠）。
　　保护处理后的铁锅和陶器见图4-5、4-6。

4-5 铁锅处理后

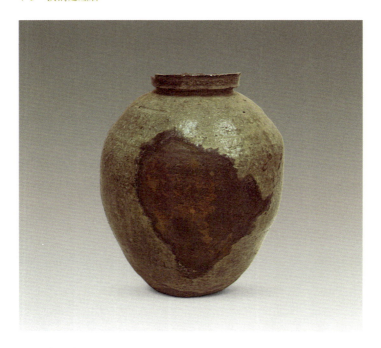

4-6 陶器处理后

（2）泰安马岛一号沉船出水的铁锅

① 处理前

该件铁锅是2009年从泰安马岛一号沉船遗址发掘出水的（图4-7～4-10），推测是高丽王朝时期船员的生活用品。铁锅的口沿和锅身之间覆盖着凝结物。铁锅底部有一道约7cm长的裂缝。推测该铁锅原本有三足，一足缺失，一足脱落，只留下一个完整的足在铁锅底部。

4-7　铁锅处理前

4-8　铁锅底部处理前

4-9　铁锅内部

4-10　铁锅内发现的勺子

② 去除凝结物和脱盐

铁锅表面的凝结物极其坚硬，用小工具很难除去，因此采用电动震动工具对其进行机械清理。去除凝结物和脱盐可以同时进行。将铁锅浸泡在0.1mol/L的倍半碳酸钠溶液中两年进行脱盐，每月更换一次脱盐溶液。

③ 脱碱、脱水与干燥

去除凝结物之后，将铁锅浸泡在去离子水中去除残留的倍半碳酸钠溶液，之后用95%的乙醇溶液脱除水分，最后将铁锅放入60℃烘箱中干燥5小时。

④ 加固、粘接与修复

用30% w/v Paraloid NAD10的石脑油溶液可以提高铁质文物的强度，之后用Super glue™加固裂缝。

用环氧树脂和微珠填充物的混合材料将铁锅上脱落的足粘接回去，用固体石蜡翻模，浇铸一个新足，并粘接到铁锅的底部。

保护处理后的铁锅和勺子见图4-11、4-12。

4-11 铁锅处理后

4-12　勺子

（3）莞岛沉船出水的铁锅（二次修复）

① 处理前

莞岛沉船发掘出水的铁锅在1988～1999年间进行过保护修复，之后用于展览，但是铁锅表面再次出现了凝结物和晶间腐蚀（图4-13、4-14）。

4-13　铁锅处理前

4-14　铁锅表面的腐蚀产物

4-15　清除凝结物

②　去除凝结物与干燥

保护处理的第一步是清理。用小刀和镊子等小工具清除铁锅表面的凝结物，之后用毛刷清理（图4-15）。由于铁锅已经用加固材料做过加固，用丙酮清洗铁锅表面会使铁锅出现裂纹。因此将文物浸泡在95％的乙醇溶液中并用毛刷清洗（图4-16），之后将铁锅放入烘箱在60℃下干燥5个小时（图4-17）。

4-16　用乙醇溶液清理

4-17　清理腐蚀产物后

③ 加固、修复与上色

用50% w/v Paraloid NAD10的石脑油溶液对铁锅进行加固，在铁锅表面加固三次。开裂区域和缺失部位用Super Glue™和SN-sheet补修。修复材料选择的是SV 427°/HV 427°等合成树脂材料和微珠填充物。之后，用黑色、棕色和红色等丙烯颜料完成上色。

保护修复后的铁锅见图4–18。

4–18　保护修复后的铁锅

第三节　青铜文物

4.3.1　引言

从泰安竹岛遗址和马岛一、二、三号沉船出水的青铜器既有铸造青铜器，也有锻造青铜器。锻造青铜器主要为铜和锡的合金，铸造青铜器中则加入了铅促进了铜和锡的合金化。加入的铅并不能均匀地分散在铜合金中，而是以铅颗粒的形式存在。

对于锻造青铜器，腐蚀产物大多均匀分布于整个青铜器表面，而铸造青铜由于制造工艺的原因，会发生不均匀地腐蚀行为。

4.3.2 保护方法

（1）检测

对青铜文物进行保护处理之前，要详细记录文物的保存状况，制订保护计划，并辅以拍照、材料分析和 X 光分析。考古学信息和所用保护材料也要记录下来。

（2）腐蚀产物清理

在清除腐蚀产物前，首先要仔细检查青铜器表面的腐蚀层。孔雀石$[CuCO_3(OH)_2]$和蓝铜矿$[Cu_3(OH)_2(CO_3)_2]$可以形成层状腐蚀，对青铜器基体起到保护作用。副氯铜矿$[CuCl_2 \cdot 3Cu(OH)_2]$和氯铜矿$[Cu_2Cl(OH)_3]$呈粉末状，会引起腐蚀穿孔。

如果原始的绿锈仍然保留在青铜文物表面，就不需要除去腐蚀层，只需用棉签清理铜器表面的污垢。出水的青铜文物表面会粘有砂砾，需用小工具小心清除。

如果铜器表面感染了青铜病，在清理过程中铜器容易被损坏。此时，不应完全清除腐蚀产物，而应采取最低限度的清理，之后用缓蚀剂处理。

（3）脱盐

海洋出水铜器在盐水中长期浸泡，脱盐是必要步骤。脱盐过程是将铜器在0.1mol/L的倍半碳酸钠溶液中浸泡几个月，每两周更换一次溶液，之后用蒸馏水清除铜器上残留的碱液。

（4）缓蚀

如果铜器中残留有氯离子，它在空气和水分的共同作用下，会造成铜器的进一步腐蚀。因此需要对铜器进行缓蚀处理，通常使用苯并三氮唑（BTA）来抑制铜器的腐蚀和铜绿的变色，它会在腐蚀层上形成保护膜。将铜器浸泡在浓度为 3% w/v 的 BTA 乙醇溶液的真空容器中，真空容器内的压力降至 70 cm/Hg。保护处理后，会有过量的 BTA 残留在铜器表面，用棉签蘸取酒精擦拭除去。由于 BTA 致癌，考虑到健康和安全问题，工作人员要佩戴面具并防止药品直接接触皮肤。

（5）加固

用 BTA 缓蚀处理后，用 Incralac 溶液（含 14.6% Paraloid B 72、0.4% BTA、14.17% 丙酮、70.38% 甲苯）对铜器进行加固。将铜器浸泡在浓度为 3% Incralac 溶液的真空容器中，直至真空容器内的压力降至 70 cm/Hg。然而，如果铜器表面已有绿色铜锈，该方法不能促使溶液很好地渗入铜器内部，此时可用毛刷蘸取溶液刷涂铜器表面。处理之后溶液会残留在铜器表面，要小心的擦去防止变色。

（6）粘接与补配

采用丙烯腈黏合剂粘接青铜质文物。Altecoo® 黏度较低，可以用于粘接小碎片和脆弱破裂区域；而 Loctite 401® 黏度较高，用于大碎片的粘接。

将环氧树脂、填充材料和颜料混合，用于缺失部位的补配。补配材料凝固后，用小工具将补配部位表面整平，之后将铜器浸泡在 Incralac 溶液中重新加固。

（7）上色

上色的主要目的是使铜器文物的颜色和纹理更加一致。上色需要遵从的一条规则是必须能够分辨出上色、修复的部位和原始部位。通常使用丙烯颜料和青铜器锈蚀粉末来调整补配部位的色彩。

（8）储存

保护处理后，要详细记录保护处理步骤、所使用的保护材料以及文物保存状况的变化等信息。

　　表面覆盖绿色铜锈的铜器相对比较耐腐蚀。但是，如果存放于不当的环境中，它们可能再次被腐蚀。处理后的铜器应存放于温度20℃~22℃，相对湿度低于45%的保存环境中。

4.3.3　案例分析

（1）马岛三号沉船出水的青铜容器

① 处理前

　　马岛三号沉船出水了多种青铜文物，一个碗、一个盘和一个铃铛。由于腐蚀严重，碗的底部出现了部分缺失和破损，碗的表面也形成了一层铜绿。盘的保存状况较好，整个表面均匀分布着一层铜绿。对于铃铛来说，由于部分腐蚀层从铃铛表面剥离，铃铛表面并不均匀和平整。

② 脱盐

　　脱盐过程共耗时3个月。采用0.1mol/L的倍半碳酸钠溶液进行脱盐，每周更换一次溶液。之后，将铜器浸泡于蒸馏水中除去碱液，残留的腐蚀产物和污垢用刷子等工具清理。最后用乙醇脱除铜器中的水分。

③ 加固与粘接

　　采用浓度为3% w/v 的 BTA 乙醇溶液对铜器进行缓蚀处理，之后用 Incralac 溶液进行加固，用丙烯腈黏合剂粘接剥离的部位。

　　保护处理前后的铜器见图4-19~4-24。

4-19　铜碗处理前

4-20　铜碗处理后

4-21　铜盘处理前

4-22　铜盘处理后

4-23　铜盘处理前

4-24　铜盘处理后

（2）保宁外烟岛遗址出水的铜钱

① 处理前

2009年，保宁外烟岛出水了77枚青铜硬币，均为圆形方孔钱币。这些钱币覆盖着砂砾和凝结物，其中的35枚由于腐蚀已经很难肉眼辨认出字迹。

② 清理

在光学显微镜观察下清除铜钱表面的凝结物，之后在0.1mol/L的倍半碳酸钠溶液中进行脱盐。脱盐之后，采用乙醇脱水，用Incralac溶液加固。

③ 加固

将铜钱放入浓度为3% w/v BTA的乙醇溶液中浸泡1天，再在室温下干燥一周。残留的BTA溶液用棉签蘸取酒精擦除。铜钱用Incralac溶液进行加固，残留溶液用棉纸擦除。

④ 处理后

处理之后，35枚铜钱上的字迹可以被辨别出来，共有15种铜钱，分别为开元通宝、乾元重宝、淳化元宝、咸平元宝、景德元宝、天圣元宝、皇宋通宝、至和元宝、治平元宝、熙宁元宝、元丰通宝、元祐通宝、绍圣元宝、圣宋元宝和宣和通宝(图4-25~4-30)。这些钱币来自中国的唐朝和宋朝。

4-25　铜钱处理前（元丰通宝）

4-26　铜钱处理后（元丰通宝）

4-27　铜钱处理前（乾元重宝）

4-28　铜钱处理后（乾元重宝）

4-29 铜钱处理前（治平元宝）

4-30 铜钱处理后（治平元宝）

（3）珍岛五柳里出水的青铜盆

① 处理前

青铜盆于2012年在珍岛五柳里遗址发掘出水，腐蚀非常严重。推测该铜盆原本有三足，一足损失过半，但仍与铜盆连在一起；另一足从铜盆上脱落；第三足缺失。

② 凝结物去除

在显微镜下观察铜盆足部表面的贝壳沉积物并用手术刀清理，足内部的砂砾在流水下用刷子清洗。之后将铜盆浸泡在0.1mol/L的倍半碳酸钠溶液中进行脱盐，表面残余的沉积物用毛刷清理。

③ 加固

将铜盆浸泡在浓度为3% w/v BTA的乙醇溶液中进行缓蚀处理，形成缓蚀层。在室温下干燥一周。将铜盆在Incralac溶液中浸泡两小时，进行加固，再用纸巾擦除残留的溶液。处理之后，铜盆的足部显现出狮脸的轮廓。

保护处理前后的铜盆足见图4-31～4-36。

4-31　铜盆足处理前（盆足正面）

4-32　铜盆足处理后（盆足正面）

4-33　铜盆足处理前（盆足背面）

4-35　铜盆足处理前（盆足侧面）

4-36　铜盆足处理后（盆足侧面）

4-34 铜盆足处理后（盆足背面）

[1] The National Research Institute of Maritime Cultural Heritage（2009）泰安 Daeseom island underwater excavation report p.388.

[2] The National Research Institute of Maritime Cultural Heritage（2010）泰安马岛 shipwreck No.1 underwater excavation report p.418.

[3] The National Research Institute of Maritime Cultural Heritage（2011）泰安马岛 shipwreck No.2 underwater excavation report p.310.

[4] The National Research Institute of Maritime Cultural Heritage（2012）泰安马岛 shipwreck No.3 underwater excavation report p.264.

韩国
海洋出水文物
保护手册

Conservation Manual
of Maritime Archaeological Objects
in Korea

05 陶瓷
Ceramics

Kim Hyoyun

第一节 引言

大部分陶瓷文物在水下处于稳定的状态，但是出水之后状况会立即恶化。相较于其他材质的文物，陶瓷文物相对稳定，但可能受到盐分和不当保存的破坏。

（1）出水陶瓷文物

大部分陶瓷在全罗南道、忠清道、京畿道和西海岸等地的遗址发掘出水，主要为高丽王朝时期的文物，这可以从高丽王朝的海上运输系统中的签字推断出来。这些陶瓷的用途各异，主要为商品、宫廷用品和海员生活用品等几种。它们的用途、类型和质量也各不相同[1]。马岛一号、二号、三号沉船出水的高丽王朝时期的瓷器，根据类型和用途大体分类如表23所示。

表23   出水陶瓷的类型与用途

遗址	类型	器型	用途
马岛一号沉船（2009年）	陶器	盘、瓶、瓮、蒸锅、碗	日用品、水缸、储存船员食物[2]
	瓷器	汤碗、盘、碗、杯子、杯盖、瓶、花盆、罐、托盘、水壶、大口罐、盖子、浅碟、镂空的托	推测为商品（同一种类，大量出水）
马岛二号沉船（2010年）	陶器	瓶、瓮、蒸锅	推测为船员的生活用品
	瓷器	碗、容器、汤碗、杯、盘、梅瓶、瓶、瓮	质量较差，可能为船员的生活用品，质量较好的可能为商品[3]；梅瓶为蜂蜜和香油的容器
马岛三号沉船（2011年）	陶器	盘、瓶、瓮	推测用于盛放船货中的咸鱼；推测为船员的生活用品[4]
	瓷器	汤碗、盘、容器、碗、杯、盖子	根据使用的痕迹和较差的质地，推测为船员的生活用品[5]

（2）陶瓷的保存状况

陶瓷的保存状况主要受环境影响。陶瓷的保存环境各异，可能埋藏于浅滩，可能部分埋藏，也可能不断受到潮汐的影响[6]。不同种类的陶瓷受影响程度不同。损伤类型可以大致分为物理损伤和生物损伤。

最常见的损伤是由水和海底沉积物的压力造成的物理损伤[7]，对应的保护处理重点是如何准确粘接陶器和瓷器的碎片（图5–1）。生物损伤主要是由表面黏附的藤壶科（节肢动物门）、水螅虫（软体动物门）、珠母贝和牡蛎（软体动物门）造成的（图5–2）。因此需用不同的方法来保护陶瓷的釉和胎体。

5–1 物理损伤（马岛二号沉船出水的瓷器碎片）

5-2 生物损伤（马岛近海的海洋生物造成的表面污染）

（3）陶瓷保护介绍

1976~2013年，韩国国立海洋文化财研究所共保护处理了47700件陶瓷类文物。陶瓷文物占所有处理文物的99%，主要是由于在群山市、泰安竹岛和马岛近海等地出水了大量的陶瓷类文物。

表24展示了木浦和泰安文物保护中心在2012~2013年处理的出水陶瓷文物的数量、遗址和保护处理方法。大部分陶瓷都进行了基本的保护处理，包括清理贝壳类附着物和脱除可溶盐。根据每件文物的具体情况，有的陶瓷器进行了必要的粘接、修补和上色。

表24　　　2012～2013年保护处理的陶瓷文物一览表

分类	时间	遗址	数量	处理方法
2013	2013/08～2013/09	仁川灵兴岛	34	清理附着物、脱盐、干燥、粘接、配补
	2013/06～2013/07	泰安 Gaiudo 观测站	2	清理附着物、脱盐、干燥
	2013/06～2013/07	仁川鱼坪岛、马岛海岸	7箱碎片	清理附着物、脱盐、干燥
	2013/02～2013/03	保宁外烟岛、长古岛观测站	28	清理附着物、脱盐、干燥
	2012/12～2013/12	马岛三号沉船	35件陶器	清理附着物、脱盐、干燥、修复
	2012/12～2013/01	仁川鱼坪岛	202件青瓷	清理附着物、脱盐、干燥
2012	2012/10～2012/12	马岛二号遗址	23	清理附着物、脱盐、干燥
			1件青瓷枕	清理附着物、脱盐、干燥
	2012/10～2012/12	珍岛五柳里	73	清理附着物、脱盐、干燥
	2012/07～2012/10	十一号及十二号海南郡、珍岛观测站	92	清理附着物、脱盐、干燥
	2012/06～2012/09	马岛二号遗址	1件陶器	粘接、配补
	2012/05～2012/10	马岛一、二号遗址	45	清理附着物、脱盐、干燥
	2012/05～2012/12	仁川鱼坪岛	193	清理附着物、脱盐、干燥
	2012/04～2012/10	仁川鱼坪岛观测站	99	清理附着物、脱盐、干燥
	2012/04～2012/06	全罗南道南部、北部观测站	17	清理附着物、脱盐、干燥
	2012/04～2012/06	马岛二号遗址	4件陶器	分离、粘接、修复
	2012/04～2012/05	群山市夜味岛	853	清理附着物、脱盐、干燥

续表 24

分类	时间	遗址	数量	处理方法
	2012/02～2012/05	高丽航海博物馆展览的陶瓷文物	3	配补
	2012/02～2012/03	群山市夜味岛	1495	清理附着物、脱盐、干燥
	2012/02～2012/09	马岛一、二号遗址及波涛里	236	清理附着物、脱盐、干燥
	2012/01～2012/02	群山市夜味岛	碎片	清理附着物、脱盐、干燥

　　表 25 列举了陶瓷文物的保护处理流程。保护工作按照从左至右的顺序进行。出水陶瓷文物通常按照该顺序进行处理，但并非所有步骤都是必须的。

表 25　　　　　　　　　　陶瓷文物的保护流程表

检测	分类	釉的种类	分析	污染物	物理损伤
		陶瓷材料的种类、保存状况、分析结果会影响保护方法与材料的选择			
	材料和成分分析（可选）	XRD 和 XRF 分析胎体种类和黏土成分，FT–IR 也用于分析陶瓷器的基体			
	处理前的档案记录	拍照		记录	报告
		对文物进行拍照和细节描述			
处理 1（必选）	清理、去除贝壳类附着物	清理	物理清理	化学清理（可选）	清洗
		通常情况下，用自来水清洗文物；用机械工具清除贝壳类附着物，如果不能去除，再用酸溶液浸泡；用酸溶液处理后的文物要用流水多次清洗			
	脱盐	初步清理后，将陶瓷浸泡在自来水中脱盐，水的体积要大于陶瓷的十倍；每两周检测一次氯离子浓度，每月更换一次水；四星期后如还检测到有氯离子，脱盐时间需延长			

处理2（可选）	干燥去污	去除水分（用布擦拭）	控制干燥	去污	最终表面清理
			烘箱干燥		
		最好选择控制干燥的方法，但陶瓷完全干燥需要1~2天的时间，而且干燥时间还要受天气和季节的影响。如果文物较多，没有足够的空间用于干燥，为提高效率，可以使用烘箱干燥。烘箱温度控制在60℃~80℃，干燥6小时。使用烘箱时，每隔2~3小时检查一次温度。完成干燥后，采用50%~100%的乙醇清理陶瓷文物表面。			
	粘接	粘接	采用具有可逆性的Paraloid B 72粘接普通的陶瓷器		
			采用环氧树脂粘接釉面风化的陶瓷器		
		用纸胶带和Magic Tape™（压敏胶带）固定陶瓷残片。粘接时不要使用Super Glue™，如丙烯腈黏合剂			
	配补	石膏		合成树脂	
		石膏配补，可去除		用树脂和填料混合作为配补材料	
	上色	丙烯颜料		环氧树脂与颜料	
		通常使用丙烯颜料上色。常用工具有刷子、海绵、喷枪等		环氧树脂与颜料混合用于上色。通常用于青瓷的上色	
报告	档案记录	拍照		记录	报告
		处理后，详细记录处理过程、使用的材料和方法。对处理前拍照的区域再次拍照			

第二节 检测

（1）分类

保护处理之前，将陶瓷进行分类是必要的工作。根据陶瓷文物的材质和保存状况，可能会采用不同的保护处理方法。陶瓷分类的基本标准如下。

① 釉层

处理前要检查陶瓷表面是否有釉，因为釉的情况会影响陶瓷表面贝壳附着物的清理方法。如果陶瓷表面有釉，比较容易用机械工具清除贝壳附着物。如果没有釉，可使用盐酸溶液清理，除去贝壳附着物后才能显示出陶瓷原貌。

② 分析

如果部分陶瓷需要进行成分分析或胎体分析，需要将这些陶瓷与其他文物分开存放。如果待分析的陶瓷表面有贝壳附着物，不能用盐酸溶液除去。最好在取样前将陶瓷浸泡于水中，而不是任其在空气中干燥。

③ 污染物

陶瓷如果被来自处理不当或埋藏环境的腐蚀物污染，需与其他陶瓷分开存放。如果将渗透了金属（例如铁）的陶瓷与其他陶瓷一起放入脱盐池中，腐蚀物会转移至其他陶瓷上。污染物或腐蚀物可以用各种化学药品除去。

④ 物理损伤

因为陶瓷碎片很容易弄混，尤其在进行贝壳附着物的去除和脱盐的时候。因此需要将陶瓷碎片按色彩和纹理分类并放入网袋中分开存放。

（2）材料与成分的分析

大部分出水陶瓷文物的种类可通过肉眼识别，如青瓷、白瓷、灰蓝青瓷等。但是，不同种类的陶瓷，对于附着物清除与脱盐等保护方法来说，保护处理过程差别不大。为了采集可靠的数据可能需要进行化学分析和保护材料实验，但在侧重于确定保护处理方法时，可简化详细数据的分析。

（3）保护前的档案记录

在交接陶瓷文物时，需要根据清单对文物进行准确记录，尽管十分耗时但这一步骤是十分重要的。处理开始之前，记录每件陶瓷文物的保存状况和保护处理计划，并辅以文物图片和编号。同一遗址出水的大量陶瓷文物可以作为一大类进行记录，但每一件文物都必须拍照。有些记录可能以口头报告临时代替书面书写，但在保护处理之后必须进行详细记录并完成报告。

第三节　保护处理

（1）清理

发掘出水的陶瓷器在运往文物保护实验室的过程中，最好将其保存在水中以维持和发掘地相近的环境，而不是暴露在空气中任其干燥，否则会造成附着物粘附于陶瓷表面。而且陶瓷内的盐分开始结晶，破坏釉层，对陶瓷的表层和釉层造成不利影响。

除此之外，对于海洋出水的陶瓷器，在发掘出水后应及时进行保护处理，避免陶瓷表面附着物散发出强烈异味，并抑制微生物的滋生与扩散。

根据陶瓷表面贝壳类附着物的多少，清理方法可分为两类。第一，如果陶瓷表面没有或只存在很少的贝壳类附着物，可以用竹刀或手术刀清理陶瓷表面的污染物，之后用流水清洗陶瓷（图5-3、5-4）。第二，如果沉积物较坚固，物理方法清理可能损伤陶瓷文物表面，可以用酸进行处理，这一方法也可以缩短处理时间。将陶瓷浸泡在浓度为5% w/v 的盐酸中软化沉积物。在配制盐酸时，氯化氢气体可能会挥发出来，因此需要穿戴合适的防护装备并在通风良好的地方进行操作。浸泡时间取决于沉积物的坚固程度。之后，用流水对陶瓷器进行多次清洗，确保没有酸液残留。

5-3 去除贝壳类附着物前（马岛海岸）

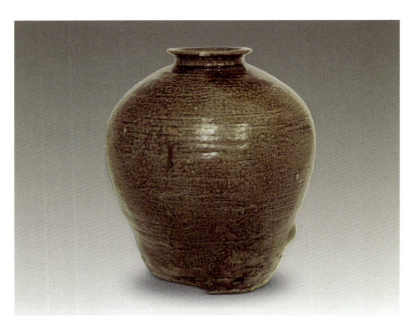

5-4 去除贝壳类附着物后（马岛海岸）

（2）脱盐

脱盐是海洋出水文物保护中的重要步骤。依据陶瓷的保存状
况，脱盐通常需要4~8周的时间。根据前期研究工作，如果脱盐
时间控制在4周，需要陶瓷重量十倍的水量。每周更换一次水，每
周检测1~2次残留氯离子的浓度，判断完成脱盐所需的时间，所
用氯离子检测仪器为Thermo electron公司生产的5通量氯离子检
测仪。

对仁川灵兴岛沉船遗址出水的陶瓷器进行表面附着物清理之
后，进行脱盐处理，表26和图5-5记录了脱盐过程中氯离子浓度的
变化。每周检测两次氯离子浓度，每周更换一次水。

研究表明，陶瓷的孔隙率会影响脱盐的时间[8]。高孔隙率的
陶瓷，如陶器和灰蓝青瓷，脱盐过程只需要一周左右。低孔隙率
的陶瓷，如高温瓷器和青瓷，则需要更长的脱盐时间。白瓷的胎

表26　　　　　脱盐溶液中氯离子浓度的变化　　（单位：ppm）

脱盐时间	检测日期	脱盐过程	青瓷	陶器
0天	8/16		8.06	8.06
4天	8/20		8.48	18.83
7天	8/23	更换脱盐溶液	8.85	20.57
12天	8/28		7.37	9.87
14天	8/30	更换脱盐溶液	7.72	10.53
18天	9/3		7.26	8.05
21天	9/6	更换脱盐溶液	7.03	8.98
25天	9/10		6.86	7.23
28天	9/13	脱盐结束	7.25	7.79

体不能为盐分扩散提供足够的空间，所以需要更长的脱盐时间。

如图5-5所示，在前7天，陶器的脱盐溶液中，氯离子浓度显著升高。4周之后与青瓷脱盐溶液的氯离子浓度相当。脱盐结束后，溶液的氯离子浓度要低于10ppm，也就是普通自来水中氯离子的浓度。如果陶瓷的保存状况不好，脱盐时间控制在4周之内比较安全。陶瓷的种类和保存状况会影响氯离子的脱盐程度和脱盐时间。

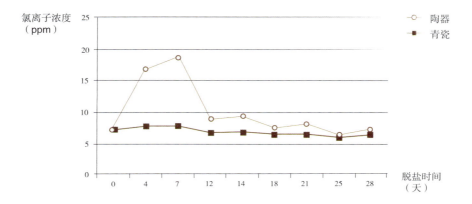

5-5 脱盐过程中氯离子浓度与脱盐时间的折线图
（分别在第7、14、21天检测氯离子浓度后更换脱盐溶液）

脱盐之前，首先按照发掘地点或发掘时间将陶瓷贴上标签分开，之后放入脱盐水槽。将陶瓷放入网袋避免混淆（图5-6、5-7）。

脱盐过程中最好使用去离子水或纯水，但是考虑到效率、经费和便利性等问题，使用普通的自来水进行脱盐。另外，脱盐过程也可除去此前保护过程中残余的酸液[9]。

（3）清理与干燥

脱盐之后要除去陶瓷文物的水分。如果陶瓷在自然干燥前没有除去水分，表面会留下水痕，要用特殊的布清理。擦除陶瓷表面水分之后，将其排列好并在室温下干燥（图5-8、5-9）。如果陶瓷文物数量太大不能随意放置，要将尺寸相近的陶瓷放在一起。这样会导致重叠的部分与其他陶瓷干燥速率不同，因此，需要将文物放入80℃的烘箱内干燥，每小时检查一次烘箱的温度。

5-6　脱盐过程中用网袋将马岛遗址出水陶瓷残片分开

5-7　脱盐过程中在脱盐池内的马岛遗址出水陶瓷

5-8　用干净的布吸去水分

5-9　干燥陶瓷器的烘箱（Jeio 科技公司）

（4）最终表面清理

　　清理的最后阶段要用棉签蘸取50％～100％的酒精溶液擦拭器物表面，并用小刀刮去酸处理过程残留的表面附着物（图5－10）。由于棉签会在陶瓷器的粗糙表面和断面上留下棉纤维等污染物（图5－11），这一步要小心进行，因此最好使用板刷或短毛刷。如果在清理过程中污染物仍旧残留在陶瓷断面或釉层上，需要使用蒸汽清洗装置。

5-10　最终表面清理

5-11　棉签清理陶瓷表面

（5）粘接

在正式开始粘接之前，要制定粘接计划，对陶瓷碎片的位置和顺序做到心中有数。用遮盖胶带（以牛皮纸为基底带有丙烯酸黏合剂）和 Magic Tape™（以醋酸纤维素为基底带有丙烯酸酯黏合剂）固定陶瓷碎片，两者都很容易移除。在粘接时，尽量避免使用 Super Glue™，如果需要用到这类胶水，也只能用最小剂量。Paraloid B 72（甲基丙烯酸乙酯共聚物）是一种可去除的黏合剂，在陶器的粘接上用的较多。通常用质量浓度为 50％ w/w 的 Paraloid B 72 丙酮溶液粘接陶器碎片（图 5-12），有时可加入乙醇来控制溶剂的挥发速度。

青瓷和白瓷用环氧树脂（Araldite 2020®，Epo-tek 301-2®，Fynebond®）粘接。首先用胶带固定碎片，沿着裂缝的截面小滴地滴入环氧树脂（图 5-13），通过毛细作用使粘接剂渗入粘接部位。不同的环氧树脂固化时间不同，粘接过程大概需要 1~7 天的时间。

5-12　Paraloid B 72 粘接

5-13　环氧树脂粘接

（6）配补

出水陶瓷器由于水压和环境因素会受到许多损害，发掘出水的时候通常是残缺的。对于残缺部位的配补可以提升陶瓷基体的强度。配补材料通常为合成树脂，例如 CDK 520°、SV 427°/HV 427° 和 Quick Wood°，但韩国国立海洋文化财研究所常使用石膏。石膏比较容易修整，并且和水混合后，室温下10分钟就可以凝固。

粉状石膏一旦粘在陶瓷表面很难清除，但技术熟练后小心处理还是可以安全使用的。石膏通常作为可去除的配补材料，填充前用 Pala film° 覆盖住裂缝边缘并用牙科蜡固定，之后用抹刀将石膏填补在缺失部分，配补部位应与周围匹配。石膏凝固后小心取下，并用砂纸打磨光滑，既可以用湿法打磨，也可用干法打磨。湿法打磨是将石膏的打磨部位放在流水下进行打磨，这样可以防止灰尘，但会延长石膏的干燥时间。

湿法打磨后，等石膏完全干燥，再用10% w/v 的 Paraloid B 72丙酮溶液加固陶瓷表面。由于 Paraloid B 72可以用丙酮去除，所以用它加固有助于后续的作色。此外，如果石膏中有气泡，需要用 Flügger™（甲基丙烯酸丁酯和碳酸钙的混合物）进行配补，而经 Paraloid B 72 加固后，石膏更易与 Flügger™黏合在一起。

（7）上色

陶瓷上色通常使用丙烯颜料，但它在空气中几小时就会干掉，因此可以将湿润的纸放在有盖子的调色盘中，制成调色板，可以延长颜料的使用时间。由于很难调出青瓷和白瓷的颜色，在处理青瓷和白瓷时，会用环氧树脂和矿物颜料上色。将上色之后的配补材料，用具有可逆性的 Paraloid B 72，粘接到待修复的陶瓷上。

第四节　案例分析

（1）仁川灵兴岛沉船出水的将军瓶

将军瓶是 2013 年从仁川灵兴岛沉船发掘出水的，呈暗灰色，腹径 40 cm，高 27 cm，深 6.5 cm。陶瓷表面附着白色和褐色的海洋生物，器物的三分之一损坏，残余部分碎成三块（图 5-14）。

5-14　瓷瓶处理前

　　首先，在流水下用竹刀和刷子对陶瓷进行初步清理（图5-15）。残余的附着物用盐酸去除。将瓶子残片放入5％ w/v 盐酸中短时间浸泡（图5-16），然后用竹刀和手术刀刮掉已经变软的贝壳类附着物，但是要根据陶瓷表面的具体状况谨慎使用手术刀。

5-15　用工具清除贝壳类附着物

5-16　用盐酸溶液清除贝壳类沉积物

　　在流水下用各种类型的刷子对瓷瓶残块进行清洗，之后进行为期4周的脱盐处理，除去盐分和残留的盐酸溶液（图5-17）。脱盐过程中，每周检测一次氯离子的浓度，最后一次的浓度为7.16 ppm（与自来水相近）。用干净的布将瓷瓶残片表面的水分擦干，再放入烘箱中干燥三小时。干燥完成后，用50％ w/v 的乙醇水溶液清理瓷瓶表面，之后用 Paraloid B 72 将残片粘接在一起（图5-18、5-19）。

5-17　脱盐

5-18　瓷瓶处理后

5-19　瓷瓶处理后

（2）泰安马岛三号沉船出水的陶器

这件陶器是2011年从泰安马岛三号沉船中发掘出水的。表面的贝壳类附着物不多，因此用工具简单清理后进行为期4周的脱盐处理。

该陶器经过保护处理，当时修复时主要用 Paraloid B72 粘接碎片。由于缺失部分超过三分之一，且粘接部位的边缘有些错位，因此，决定对其进行重新修复处理以保持其结构稳定（图5-20）。将丙酮倒入玻璃瓶内并与陶器残片一起密封1天。丙酮挥发后被残片上的粘接剂吸收，粘接剂变软并逐渐剥落下来（图5-21）。

5-20　陶器处理前

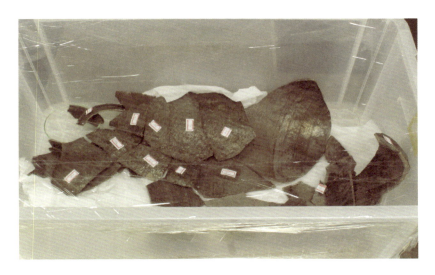

5-21　用丙酮蒸汽去除胶结材料

5-22　除去残留的胶结材料

　　大部分粘接剂剥落后，用丙酮软化残留的粘接剂（图5-22），并用棉签和手术刀等工具配合清理（图5-23）。采用 Paraloid B 72 重新粘接陶器残片（图5-24）。粘接剂完全固化需要超过1天的时间，因此要在适当的部位用各种尺寸和形状的夹子固定陶器残片。

5-23　拆解后

5-24　粘接

　　用石膏作为缺损部位的配补材料。用派拉膜覆盖裂缝边缘（图5-25），并用牙科蜡在陶器内部支撑，配补材料是可去除的。如果缺失部位较大，要配补多次才能完成（图5-26、5-27）。配补材料完全固化后，用湿打磨法将表面打磨光滑（图5-28）。最后用约5%的

5-25　用派拉膜覆盖裂缝边缘

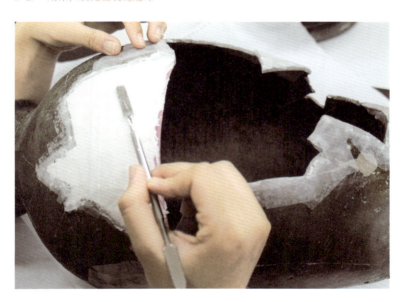

5-26　石膏配补

Paraloid B 72丙酮溶液加固配补材料的表面，并用丙烯颜料上色（图5－29、5－30）。

保护处理后的陶器见图5－31。

5-27　分块制作较大缺失部位的配补材料

5-28　湿法打磨

5-29　上色

5-30　上色后的配补材料

5-31　陶器处理后

（3）泰安马岛一号沉船出水的青瓷水壶

　　这件青瓷水壶于2009年从泰安马岛一号沉船上发掘出水。壶嘴的内侧有部分缺失和破损。出水时文物保存状况良好，没有受到海洋生物的影响。脱盐过程进行了8周。文物展出时用 Toilon ™ 材料临时在壶嘴的内部进行支撑（图5-32）。2012年决定对拼接的破损部分进行粘接，对缺失部位进行配补（图5-33）。

　　如果先将壶嘴与壶身粘接在一起，就很难接触到内部进行配补与上色。因此，第一步先配补缺失部分，再进行粘接。使用的材料为 Epotek 301-2®（环氧树脂）、颜料（金赭色、镉绿、土绿）、滑石（水合硅酸镁）和煅制氧化硅（SiO_2）。

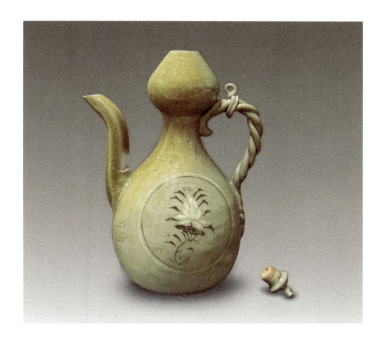

5-32　青瓷水壶处理前

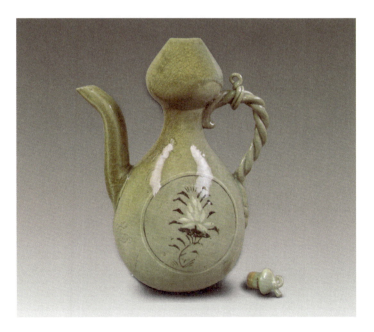

5-33　青瓷水壶处理后

在制作配补材料时，用派拉膜覆盖裂缝边缘，用牙科蜡支撑内部。将环氧树脂、颜料和滑石粉拌好后配补缺失部位（图5-34~5-36）。3天之后，将配补部位的表面打磨光滑，呈六边形

5-34　缺失部位1的修复

5-35　缺失部位2的修复

5-36　缺失部位3的修复

的形状。用环氧树脂和矿物颜料调出近似透明釉的颜色。将打磨好的配补材料用 Paraloid B72 粘接到壶身。由于壶身有冰纹釉，因此尽力在配补材料表面制作出与壶身釉层相近的冰纹釉图案，并且用矿物颜料（炭黑）使其看上去与原物基本一致。为了更准确地呈现冰纹釉，还需要进一步的研究工作。

[1] The National Research Institute of Maritime Cultural Heritage（2009） Shipping of tax special exhibition p.8.

[2] The National Research Institute of Maritime Cultural Heritage（2010） 泰安马岛 shipreck No.1 underwater excavation report pp.506–507.

[3] The National Research Institute of Maritime Cultural Heritage（2011）泰安马岛 shipreck No.2 underwater excavation report p.158.

[4] The National Research Institute of Maritime Cultural Heritage（2012）泰安马岛 shipreck No.3 underwater excavation report p.116.

[5] The National Research Institute of Maritime Cultural Heritage（2012） 泰安马岛 shipreck No.3 underwater excavation report p.194.

[6] Yang Soonseok（2012）'Underwater excavation and excavation method depending on buried environment' 36th Korean Archeology Conference, The Korean Archeological society.

[7] C.Pearson（1987）'5.Deterioration of ceramics, glass and stone' Conservation of marine archaeological objects p.100.

[8] The National Research Institute of Maritime Cultural Heritage（2011） Research on the restoration of earthenware and pottery pp.109–110.

[9] C.Pearson（1987）'5.Deterioration of ceramics, glass and stone' Conservation of marine archaeological objects pp.256–257.

06 石质文物
Stone

Lim Seongtae

第一节　引言

海洋里会发掘出水各类石质文物，其中碇石最为常见。本章主要介绍海洋出水碇石的保护处理过程。

（1）岩石的分类

岩石可以大体分为岩浆岩、沉积岩和变质岩三类。

岩浆岩是熔岩冷却后形成的岩石，可以细分为火山岩、侵入岩、深成岩和浅成岩。沉积岩是经过风化和侵蚀后由外力搬运和分层堆积而成的岩石，根据沉积物的种类可以分为不同的类型。变质岩是在温度和压力的作用下，岩浆岩和沉积岩熔融改变性质而形成的岩石。

（2）碇石的风化原因

风化是指岩石在水流、空气、植物和温度等因素的作用下，分解成小块变成土壤的现象，可以分为物理风化、化学风化和生物风化三类。

海洋出水碇石文物的风化主要受其表面盐分、贝壳附着物和海洋生物的影响，这些物质会加剧碇石的物理和化学风化（图6-1~6-4）。碇石在出水之前直接接触富含可溶盐的海水，发掘出水接触空气后，其表面和内部的盐分会结晶。盐分结晶后体积会膨胀，如果碇石在出水后不进行合适的脱盐处理，会导致碇石表层剥落（图6-5）。

6-1　海洋动物造成的生物病害

6-2　海洋植物造成的生物病害

6-3 贝壳类物质造成的生物病害

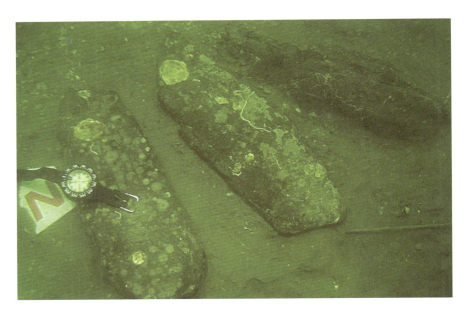

6-4 贝壳类物质造成的生物病害

6-5　泰安马岛遗址出水的碇石

（3）海洋出水的碇石

自2004年起，每年都会出水碇石，到目前为止已有110余件。出水地点最初是十二东波岛沉船遗址，后来有飞雁岛、泰安竹岛、马岛一号、二号、三号沉船、马岛等遗址，最近的是珍岛的五柳里遗址。

碇石的目的是防止船只飘走。在中国古文字中，碇的意思是锚，汉字碇（韩语发音为Jeong）由"石"和"定"两个汉字组成。在中国古代，通常用汉字"碇"或"矴"来表示"锚"。人们将重石拴在绳子末端放入水中来固定船只，因此这种石头称为"Jeong"（碇），锚定的船称为"Jeong-bak"（碇泊），这体现了历史上锚和碇的关系[1]。

碇石有着悠久的历史，起初人们使用天然石头，之后开始使用人工加工的石头，但并没有统一的标准[2]。

由此可见，石头本身可以用来做锚，因此锚和碇石没有区别。但是，为了使锚能够迅速和安全地固定在海床上，人们不断改变锚的形状。随着锚的不断发展，锚变得更大，碇石变得细长，成为锚的一部分并增加锚的重量，放置在与锚身垂直的位置起着锚座的作用（锚杆和锚爪固定在海床上）。这一改变开始将锚和碇石的作用区分开来，此时锚由石头和木材组成，即横杆为石头，其他部位为木材（图6-6~6-9）。

6-6　朝鲜王朝友好代表团绘画中的锚

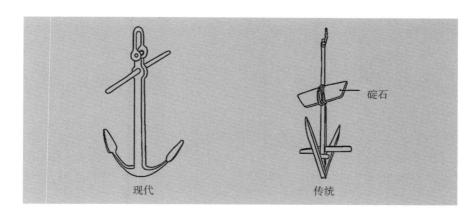

碇石

现代　　　　　　　　　传统

6-7　现代锚和传统锚对比图

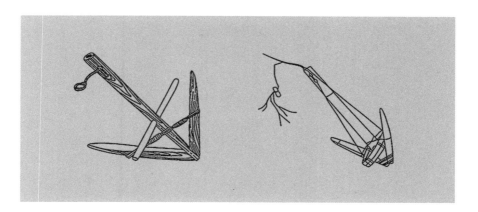

6-8　传统锚

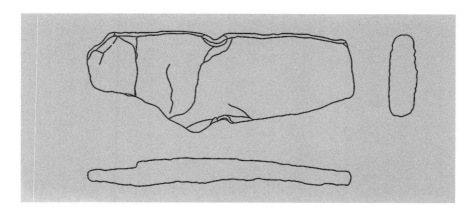

6-9　碇石

第二节　检测

采用分析报告和拍照来表征碴石的材性和风化情况（图6-10、6-11）。此外，还需要用吊秤（日本，AMD，1千克~2.5吨）确定碴石重量（图6-12、6-13）。进行地球化学和矿物组成分析前，要将所取的石材薄片样品放入去离子水中脱盐，每24小时更换一次水，共更换三次。

6-10.　测量岩石的磁化率

6-11　调查并记录碴石的保存状况

6-12　用吊秤称量碇石重量

6-13　用吊秤称量碇石重量

用偏光显微镜进行半定量的矿物组成和蚀变矿物的分析；X射线衍射（PANalytical, X'Pert pro MPO）确定矿物组成；X射线荧光（Rigaku Company, RIX-2000）分析确定主要的元素组成（图6-14～6-17）。

通过这些初步分析，确定了马岛近海出水碇石的种类、矿物组成和材性，结果如表27所示。

6-14　样品制备（粉末）

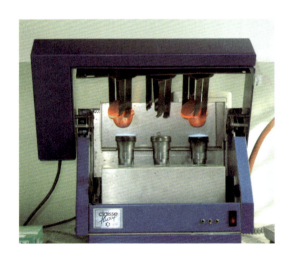

6-15　样品制备

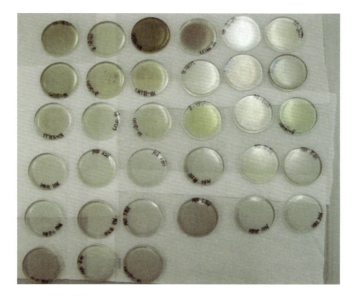

6-16 样品制备

6-17 荧光光谱分析（XRF）·

表27　　　　　　　　石材分析结果一览表

序号	样品编号	质量（Kg）	矿物组成	材性
1	10-30（Y）	444	黑云母、石英、长石	云母片岩
2	10-22（S）	454	黑云母、石英、长石	浅色花岗岩
3	09-2（B）	467	石英、长石、凝灰岩碎片	角砾化的凝灰岩
4	10-18（P）	482	黑云母、石英、长石	花岗岩
5	10-21（R）	549	石英、长石、凝灰岩碎片	角砾化的凝灰岩
6	10-12（J）	694	黑云母、石英	粗粒花岗岩
7	09-15（O）	1086	黑云母、石英、长石	云母片岩

第三节　保护处理

海洋出水碇石的表面通常会有贝壳、海洋植物等海洋生物和泥土附着。在碇石运往保护实验室途中，最好将其包装好，而不是没有任何保护措施，任其暴露于空气中。否则，碇石受损的表面可能会有盐分结晶，岩石层间的微生物、泥土和盐分也会被吸收到岩石内部。

（1）清理与脱盐

碇石质量大，体积大，运输时要用到吊车，到实验室后开始脱盐。碇石表面的贝壳沉积物、泥土和海洋植物有时会自然剥离，但有时也需要用刷子和凿子等工具对其进行物理清理，之后开始脱盐处理（图6-18~6-21）。

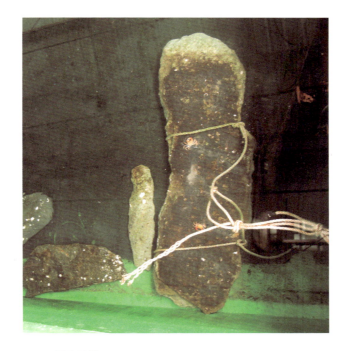

6-18　脱盐过程

6-19　脱盐过程

6-20 去除贝壳沉积物

6-21 碇石处理后

（2）脱盐与干燥

碰石用于船只抛锚，需要足够重和大来固定船只。因此，脱盐过程被安排在古代船只保护专用场地内进行。用吊车将碰石放在安全的位置，整个脱盐过程要花费很长时间，之后将碰石放在空气中自然干燥。

（3）加固

发掘出水的大部分碰石保存状况良好，但不同种类的岩石会有不同的问题，如表面的裂缝和剥落等。针对每种问题和情况找要到有效的加固材料。

目前，有110件碰石保存于泰安的保护中心和木浦的水下考古与保护部门。为确定合适的处理方式和时间需要开展实验，也在设计清除附着物和表面加固的实验。因此，会适时补充相关内容。

[1] Jung Jinsul（2010）View on the anchor of ancient Maritime review p.35.

[2] Heo Il, Kim Seongjun, Choi Wonbong（2005）Ancient Chinese ships Jeonmang p.141.

07 保存
Preservation

Kim Seojin

如果室内空气质量不佳，文物会受到不利影响，因此维持良好的保存与展览环境对文物来说十分重要，尤其对于曾经处于海水中的文物。在对海洋出水文物进行保护处理时，需要控制的最主要环境因素是温度、湿度、污染物和微生物。

第一节　温度与湿度

温度与湿度是环境控制需要考虑的最基本和主要的因素。

（1）温度与湿度对文物的损害

温度对文物的损害不会直接体现出来，但会通过加速降解反应，从微观层面产生间接的影响。温度的升高会促使降解反应的进行，从而降低材料的强度，或者为霉菌生长提供适宜的环境。此外，温度的升高和降低导致文物反复膨胀和收缩，给文物造成应力，降低了它的物理性能。例如，将碛石放在户外，日夜温差的波动会对它造成损害[1]。

湿度的增加，带来的影响主要是金属文物（铁和青铜）的腐蚀。湿度低于40％时，金属一般不会氧化生锈，一旦湿度增加，氧化反应就会加速。另外，如果展览环境的湿度偏高，在高湿度的环境中，用于加固饱水木质文物的聚乙二醇（PEG）会从木材中渗出[2]。高湿度还会和空气中的醛类反应，生成有机酸。质量不佳的展览材料中的甲醛会在空气中和水分反应生成甲酸，乙醛也会反应生成乙酸。这些有机酸会加剧金属和有机文物的劣化。对于陶瓷等无机质文物，湿度增加会使陶瓷内部的盐分发生结晶和溶解变化，从而损伤陶瓷的釉层或表面[3]。

（2）温度与湿度的控制

为了将温度与湿度对文物的不利影响程度降到最低，需要对文物的保存环境进行监测和控制，使文物保持在最佳的保存环境之中（图7-1）。

发掘出水的沉船的存放和展览场地要进行温度和湿度的监控。在韩国国立海洋文化财研究所，采用温度和相对湿度记录仪、照度计和表面观测方法对新安和莞岛沉船进行长期地监测（图7-2、7-3）。

7-1　文物库房的温湿度监测仪（Testo 175H1温湿度记录仪）

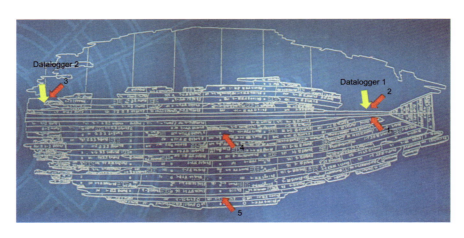

7–2　新安沉船上的数据记录仪分布示意图

7–3　莞岛沉船上的数据记录仪

　　不同管理机构对不同材质类型的文物提出的温湿度标准略有不同，但大致相近。国际博物馆协会（ICOM）对典型文物的环境控制标准进行了详细说明，并提出了不同材质类型文物在展览环境中的温湿度标准的建议，韩国国立海洋文化财研究所采用该协会的温湿度控制标准（见表28）。

　　新安沉船表面的状态监测，如图7－4～7－7所示。

表28　　　　ICOM 建议各类材质文物的温湿度控制标准

文物类别	温度	湿度	照度
亚洲绘画	20℃ ± 2℃	低于45%	低于50 lx
纺织品	20℃ ± 2℃	55%~65%	低于50 lx
绘画	20℃ ± 2℃	50%~55%	低于150 lx~180 lx
皮革	20℃ ± 2℃	50%~65%	低于150 lx~180 lx（染色文物低于50 lx）
纸张、木材	20℃ ± 2℃	55%~65%	低于150 lx~180 lx（纸张低于50 lx）
金属、石头	20℃ ± 2℃	低于45%	约低于300 lx
陶瓷器	20℃ ± 2℃	低于45%	约低于300 lx
胶卷	黑白胶卷：15℃ 彩色胶卷：2℃	30%~45%	

7-4　新安沉船表面A点的状态（2013年6月）

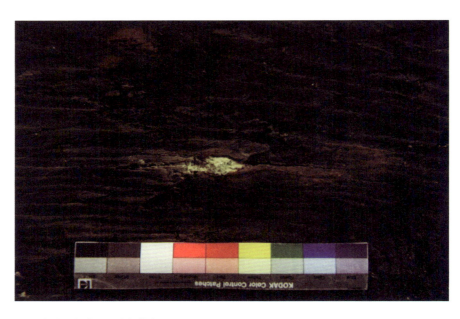

7-5　新安沉船表面 A 点的状态（2013年8月）

7-6　新安沉船表面 B 点的状态（2013年6月）

第二节　空气污染

空气污染是文物展览环境中不易控制的变量之一。韩国国立海洋文化财研究所展览区域的环境由环境控制部根据"室内空气质量管理标准"进行控制，该标准是面向公众而非文物的。博物馆里不同保存状况文物的实际环境控制标准，需要通过实验研究与评估后确定。研究所根据"室内空气质量管理标准"每年对室内的空气质量进行两次评估。室内空气质量检测应包括细粉尘、二氧化碳、甲醛、一氧化碳、二氧化氮、氡、总挥发性有机化合物、石棉和臭氧等九项指标。

（1）空气污染对文物的损害

常见的对文物有害的污染物有二氧化硫（SO_2）、氮氧化物（NO_x）、甲醛（$HCHO$）、总烃（Total HC）、臭氧（O_3）、氨（NH_4）、灰尘和总挥发性有机化合物（VOCs）。在过去，人们经常报道工业排放的硫氧化物和氮氧化物对文物的危害，但是，随着政府对汽车尾气排放、灰尘和工业排放的管控，两者对文物的危害显著降低。与之相反，甲醛和总挥发性有机化合物等室内空气污染物逐渐成为潜在的危险因素。出于能源效率的考量，将文物放在博物馆封闭室内空间内并安装专门的展柜，反而增加了污染物的浓度。

在展厅内，甲醛作为一种还原剂，易与各类物质结合生成聚合物，尤其与空气中的水分反应生成甲酸，会对文物造成损害。总挥发性有机化合物包括苯、甲苯、乙苯和二甲苯等，这些化合物会通过副反应和进一步的降解生成。

（2）室内空气污染物

文物展厅内的主要空气污染物是甲醛和总挥发性有机化合物。甲醛主要出现在建筑物的油漆中，新建筑中的浓度尤其高。展厅内的展柜大部分由中密度纤维板（MDF）制成，其粘接剂中往往含有甲醛。胶合板材料常用于展柜制作，涂刷胶合板的清漆中通常含有总挥发性有机化合物。

（3）空气污染物的正确控制

为了控制室内空气质量，需要阻隔外界污染物进入并将室内污染物排放出去。因此，需要安装带有过滤装置的通风系统，或在入口处安装空气幕阻隔外界污染物，并定期强制通风排出室内污染物。

为了解决展厅室内环境的问题，要将污染源完全移走或减少排放。展厅内使用污染物浓度低的材料，制作展柜的材料也要符合污染物释放标准。博物馆内有些特殊的展柜会释放酸味并刺激眼睛，这是因为室内有机污染物的浓度已累积到人体可以感知的程度。博物馆要在展览之前通过通风和升温的方法减少污染。

第三节　生物风险因素

霉菌、真菌和昆虫等生物会对文物造成损害，导致生物降解。霉菌和真菌在相对湿度达到70％时开始生长，其产生的有机酸会对文字档案、织物和饱水木材等文物造成直接影响，会加速这些材料的降解。

为了防止生物降解，要将文物存放空间的温湿度控制在文物材料控制标准。对于文字档案、织物和饱水木材等有机质文物，要进行连续的温湿度监测，并定期检查文物的保存状况。如果文物表面出现任何斑点和污染物，要立刻进行处理。在展厅安装昆虫诱捕装置，并根据调查结果实施正确的预防性保护[4]。

第四节　生物病害综合治理(IPM)

微生物控制是维持良好保存和展览环境的关键因素之一。室内微生物控制应遵循生物病害综合治理(IPM)系统。IPM是由加拿大文物保护研究所(CCI)开发的一个微生物病害防治综合控制系统，共包括预防、阻挡、检查、控制、恢复等5个步骤，被各个博物馆中广泛采用。各步骤详述如下[5]。

（1）预防

清洁是预防霉菌和害虫损害文物的最有效的方式。避免为微生物病害创造栖息地，隔离食物和废弃物，也是同等重要的。最好将咖啡厅和餐厅安排在室外。由于紫外线会吸引虫类生物，所以要使用防紫外线的荧光灯。在清理文物库房的地板时要使用带有高效空气过滤器的真空吸尘器。定期清洁博物馆藏品表面的灰尘以及手带来的油污和污染物，这些东西是害虫的营养源。另外，害虫还会从昆虫尸体中吸取营养，因此清洁十分必要，可以收集昆虫尸体分析其出现的原因和来源。

（2）阻挡

害虫入侵的路线要全部阻挡住。文物存放处的入口、库房门口和库房门要密封好，6 mm以下(防止啮齿动物)到0.3 mm(防止害虫)的大部分缝隙要堵住。窗户上要安装40~60目的纱窗。对于纸质文件和展出的藏品，最好存放于金属框架的存放柜与展柜中。使用木质家具时要提前进行熏蒸消毒。被感染的文物要单独存放，易碎的文物要密封包装并放在安全的地方，较好的密封材料有聚丙烯和聚酯。

（3）检查

在生物病害造成损害之前，问题越早发现越好。因此，有必要使用诱捕器，而不能只依赖肉眼观察。生物病害检测报告也可以为有害生物的预防、阻挡和响应提供系统的信息。举例来说，用一个独立的房间放置从外面运输来的文物，可以准确的观察哪些霉菌和害虫是随着文物运输进来的。同时，还要定期巡视检查评估生物病害的程度。可根据害虫粪便的痕迹、蜕皮和文物的损失来确定是否有害虫存在。

沿墙边每隔5~10 m放置一个虫类诱捕器。在墙角、门旁、排气管、暖气和炉灶等害虫潜在活动区域也要放置。另外，在黑暗和隐蔽的区域、窗台以及存放脆弱文物的储存柜与展柜，最好也放置虫类诱捕器。

（4）控制

熏蒸消毒、空气控制（低氧或二氧化碳）和温度控制（高低温处理）等防控技术可以用于清除文物与建筑内的生物病害。当病虫害发生时，需要预留进入空间和设备空间，安全轻松地控制病虫害。应预先准备好防治病虫害的杀虫剂。

一旦病虫害发生，要将该区域隔离，并将受损文物进行密闭包装。可以用观察寻找、信息素诱捕和粘板等方法捕获害虫。之后对捕捉到的害虫的生理特征、感染范围和活动轨迹进行调查，同时检查其接触过的其他文物。之后，必须对感染区域进行清理，并用杀虫剂和灭鼠剂处理，防止出现更多问题。

如果怀疑某些文物可能感染了病虫害，要通过熏蒸消毒、低氧、二氧化碳或高低温处理等方法对这些文物进行处理。如果文物藏品出现霉菌，要对温度和相对湿度进行检查和调控，并将藏品进行隔离和熏蒸消毒。另一种管理方法是重新审视病虫害防治系统。

（5）恢复

任何被感染的文物藏品和区域在经过"控制"处理阶段后，须在安全的场地进行重新保护处理。

[1] Mecklenburg M.F.and Tumosa C.S.（1999）Temperature and relative humidity effects on the mechanical and chemical stability of collection：Practical guide to HVAC for museums and historic renovation ASHRAE journal Vol.41 pp.77-82.

[2] Magnus S., Farideh J., Ingmar P., Ulrik G., Patrick F.and Ingrid H.R.（2002）Deterioration of theseventeenth-century warship Vasa by internal formation of sulphuric acid Nature Vol.415 pp.893-897.

[3] Pamela B.H.and J.M.Carpenter（1986）The problem of formaldehyde in museum collections International Journal of Museum Management and Curatorship Vol.5（2）pp.163-168.

[4] The National Folk Museum of Korea（2008）Museum and pest management.

[5] Kang Daeil（2007）Environment management for cultural heritage Gasam.

附录
Appendix

本书主要地名中英文对照表

Bikyungdo	康津郡飞京岛
Boryeong Oeyeondo	保宁市外烟岛
Boryeong Wonsando	保宁市元山岛
Chungcheong	忠清岛
Daebudo	大阜岛
Eoduri	唐木里
Gunsan Biando island	群山市飞雁岛
Gunsan Sipidongpado	群山市十二东波岛
Gunsan Yamido	群山市夜味岛
Gyeonggi	京畿道
Haenam	海南郡
Incheon Seomeopeol	仁川市鱼坪岛
Incheon Yeongheungdo	仁川市灵兴岛
Jindo island Oryu-ri	珍岛五柳里
Janggodo	长古岛
Jeolla	全罗南道
Mokpo Dalido	木浦达里岛
Pado-ri	波涛里
Shinan Anjwado	新安郡安佐岛
Shinan	新安郡
Taean Daeseom island	泰安竹岛
Wando	莞岛

后记
Epilogue

　　20 世纪 70 年代，我国就曾开展海洋环境出水或出土文物的保护工作，如 1974 年泉州湾宋代海船的保护修复。限于当时的技术水平和经济条件，前期未进行木船脱盐、船钉除锈和防锈等处理，只采取自然阴干脱水的方法进行干燥，为后期的稳定性保存埋下了潜在性风险。1984 年发掘的山东蓬莱"水城 1 号"明代沉船也是采用自然阴干方法脱水。21 世纪以来开展的山东蓬莱"水城 2 号"明代沉船、杭州跨湖桥遗址独木舟、天津张湾明代沉船等均采用 PEG 法填充加固和脱水定型。这些沉船大多是在海滩或河道清淤时发现的，虽然不是严格意义上的海洋出水文物，但保护方法相似。

　　自 1987 年发现"南海 I 号"南宋沉船以来，中国的水下考古正式起步。在 2007 年之前，调查或发掘出水的文物主要限于以瓷器为主的船载文物，出水文物保护工作尚未系统开展。之后，随着"华光礁 I 号"南宋沉船的发掘、"南海 I 号"南宋沉船的整体打捞、"南澳 I 号"明代沉船的发掘、"小白礁 I 号"清代沉船的发掘，以及甲午战争沉舰的出水文物提取，对我国海洋出水文物保护工作的需求变得极为迫切。

　　2009 年，中国文化遗产研究院文物修复与培训中心下设出水文物保护科技实验室，专门进行出水文物保护工作，并组织了几届出水文物保护修复培训班。广东省博物馆、海南省博物馆、宁波市文物考古研究所、广东海上丝绸之路博物馆等机构也逐渐开展了一些出水文物保护工作。2016 年，国家文物局水下文化遗产保护中心正式组建水下文物保护所，下辖北海基地和南海基地，进一步加大水下文物保护的力度。

　　从这个角度来看，中国海洋出水文物保护工作开展的时间并不长，大概只有十年时间，尚处于起步阶段。韩国国立海洋文化财研究所自 1981 年发掘"新安沉船"后，开始对海洋出水文物进行保护处理，迄今已近四十年，积累了丰富的经验、教训。《韩国海洋出水文物保护手册》全面总结了韩国 1981~2013 年开展的海洋出水文物保护工作，涉及陶瓷、金属、木质、谷物、骨角质、石质等各类材质海洋出水文物的保护方法和案例，以及相应的保存条件和现场保护。"新安沉船"又是一艘中国沉船，作为邻里之邦的韩国有许多经验值得我们学习，这就是我们翻译本手册的初衷。

　　本手册主要翻译工作及全部文字的校对和统稿由张治国完成，并由中国文化遗产研究院沈大娲审校。邱忆参与了部分文字的翻译和图片的整理工作，广东省文物考古研究所刘亭利在确定韩国地名和器物名称等方面工作给予了大力协助，国家文物局水下文化遗产保护中心宋建忠副主任和王大民副主任对本手册的翻译给予了极大的支持，宋建忠副主任与韩国国立海洋文化财研究所李贵永所长还欣然作序，在此表示衷心感谢！

　　囿于译者的语言水平和学识水平，不周之处还望大家批评指正。

编　者

2019 年 2 月